# 로마서 2

## [ 개정판 ]

옥한흠 다락방 시리즈 14

# 로마서 2 [개정판]

**초판 1쇄 발행** 1998년 1월 8일
**개정판 1쇄(18쇄) 발행** 2010년 8월 18일
**개정판 22쇄(38쇄) 발행** 2024년 3월 15일

**지은이** 옥한흠

**펴낸이** 오정현
**펴낸곳** 국제제자훈련원
**등록번호** 제2013-000170호(2013년 9월 25일)
**주소** 서울시 서초구 효령로68길 98(서초동)
**전화** 02)3489-4300 **팩스** 02)3489-4329
**이메일** dmipress@sarang.org

ISBN 978-89-5731-491-3 03230

※ 책값은 뒤표지에 있습니다. 잘못된 책은 구입하신 곳에서 교환해드립니다.

국제제자훈련원은 건강한 교회를 꿈꾸는 목회의 동반자로서 제자 삼는 사역을 중심으로
성경적 목회 모델을 제시함으로 세계 교회를 섬기는 전문 사역 기관입니다.

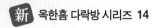

新 옥한흠 다락방 시리즈 14

# 로마서 2

## [ 개정판 ]

옥한흠 지음

ⓤ 국제제자훈련원

# 교재 사용에 대하여

제자훈련의 열매는 훈련된 평신도 지도자들이 사역하는 소그룹(구역, 다락방, 셀, 목장)이라 할 수 있다. 소그룹이란 성도간에 아름다운 사랑의 교제를 나누며, 말씀 안에서 영적으로 성숙해 가도록 서로 돕고, 믿지 않는 사람들을 초청하여 복음을 나누는 소그룹 단위의 공동체다. 소그룹은 하나님의 말씀에 기초한다. 그러므로 각자의 삶을 드러낼 수 있도록 돕고 변화되어야 할 삶의 목표를 분명하게 제시할 수 있는 좋은 교재가 마련되면 효과적인 소그룹을 운영하는 데 큰 도움을 얻는다. 그러나 분주한 목회자의 입장에서는 직접 교재를 만든다는 것이 그리 쉬운 일이 아니다. 이런 어려움을 해결할 수 있도록 돕기 위해 마련된 것이 "옥한흠 다락방 시리즈" 이다.

본 시리즈를 사용하는 데 있어 다음 몇 가지를 참고해 주기 바란다.

1. 이 교재는 소그룹에서 귀납적인 방법으로 성경을 공부하기 위해 만든 것이다. 즉 성경의 가르침을 일방적으로 주입하는 대신 충분한 토의를 통해 구성원들의 생각을 먼저 정리하고 그것을 성경의 가르침과 비교하도록 구성되었다. 결코 해답 베껴 쓰기 식의 공부가 되지 않도록 해야 한다. 서툴더라도 자기 인식과 활발한 토의 참여에 의한 생생한 결론이 나올 수 있도록 해야 한다. 따라서 지도자는 소그룹 환경에서 귀납적 방법으로 성경을 공부하는 것이 무엇인지를 반드시 먼저 배워야 한다.

2. 이 교재는 교역자가 매주 소그룹 지도자들을 먼저 예습시킨 다음 사용하게 해야 바람직한 효과를 기대할 수 있다. 소그룹 지도자는 공부할 내용을 충분히 이해해야 한다.

3. 소그룹에 참석하는 자들은 반드시 예습을 하도록 권장해야 한다.

4. 한 과를 공부하는 데에는 한 시간 이상이 필요하다. 그러므로 각 문제에 따라 답만 찾아보고 넘어가야 할 것과 충분한 토의를 통해 진지하게 적용할 것을 잘 구별해서 진행하는 것이 중요하다.

# 차례

# 죄에 거할 수 없는 이유

로마서 6:1-11

 마음의 문을 열며

사도 바울은 로마서 5장 20절에서 "죄가 더한 곳에 은혜가 더욱 넘쳤나니"라는 심오한 진리를 이야기하고 있는데, 이는 오해의 소지가 많은 말씀이다. 편협한 시각으로 이 말씀을 보면 "이제부터 죄짓는 문제에 대해 고민할 필요가 없어. 죄 많은 곳에 은혜도 많다고 했잖아. 은혜를 많이 받기 위해 죄짓는 거라면 나쁜 것이 아니야"라고 오해할 수도 있다. 하지만 하나님의 말씀을 배우는 사람은 균형 감각을 잃으면 안 된다. 어느 한 말씀에 지나치게 몰입하다 보면 균형을 잃기가 쉽다. 성경에는 "죄가 더한 곳에 은혜가 더욱 넘쳤나니"라는 말씀이 있는가 하면 "죄의 삯은 사망이요"(롬 6:23)라고 준엄하게 경고하는 말씀도 있기 때문이다.

로마서 5장 20절에서 자칫하면 빠질 수 있는 오해의 소지를 막기 위해 사도 바울이 6장을 기록했다고 생각한다. 오늘 본문의 핵심을 한마디로 말하면 "예수 믿는 우리는 죄에 거할 수 없다"는 것이다.

**말씀의 씨를 뿌리며**

------------------------------------------------

*1* "죄에 거한다"라는 말은 무슨 의미이며, 왜 죄에 거할 수 없는가?(1-2절; 참고 / 갈 5:24; 요일 3:9, 5:18)

_____

_____

_____

*2* 죄에 대하여 죽었다는 것을 우리는 무엇으로 증명할 수 있는가?(3-4절)

_____

_____

_____

*3* 다음 설명을 읽고 '연합하다', '합하여 세례 받다'라는 의미가 무엇인지 정리해 보자.

✿ ✿ ✿

3-4절을 보면 "합하여 세례를 받은"이라는 말이 나오는데 5절에는 같은 모양으로 '연합했다'라는 말이 나온다. "같은 모양으로 연합한"이라는 말은 '합하여 세례를 받았다'는 말을 좀 더 구체적으로 해석해 표현한 것이라고 말할 수 있다. '연합하다'는 접붙임을 받았다는 의미다. 우리는 예수 그리스도에게 접붙임을 받은 가지로 비유되기도 한다.

또한 "우리의 옛 사람이 예수와 함께 십자가에 못 박힌 것은"(6절)이라는 말씀이 나온다. 이 같은 표현은 예수의 죽음이 우리의 죽음이 되고, 그의 부활이 곧 우리의 부활이 되었다는 것을 설명한다. 그러면 어떻게 해서

10

이런 일이 가능한 걸까? 그것은 우리가 세례를 받았기 때문이다. 세례를 통하여 우리는 모두 예수 그리스도 안에 들어와 있는 것이다.

여기서 말하는 세례는 일차적으로 물세례를 가리킨다. 세례는 예수 그리스도와 함께 죽었고 그분과 함께 살았다는 것을 고백하는 의미를 담고 있다. 이런 관점에서 볼 때 머리에 물을 뿌리는 세례보다는 온몸을 물속에 푹 담그는 침례가 훨씬 더 실감날지도 모른다.

그러나 여기서 유의해야 할 사항이 있다. 물세례라고 하는 형식이 우리를 예수 그리스도와 연합하게 하는 것이라고 생각해서는 안 된다는 것이다. 물세례는 믿음으로 죄 사함을 받고 그리스도와 연합되었다는 사실을 공인하는 후속 절차에 지나지 않는다. 좋은 예로 사도행전 10장을 들 수 있다. 고넬료의 집에 모여 있던 사람은 물세례를 받기 전에 이미 베드로의 설교를 들으면서 예수 그리스도를 믿었고 동시에 성령을 받았다. 믿음과 성령 세례가 먼저였고, 그다음이 물세례였다. 마찬가지로 우리를 예수 그리스도와 하나 되게 하는 연합은 물세례라는 의식 절차가 아니다. 예수 그리스도를 진심으로 나의 주, 나의 하나님으로 고백하고 무릎을 꿇는 순간에 그 영광스러운 사건이 일어나는 것이다.

---

---

---

---

✎ 예수의 죽으심을 우리 자신의 죽음으로 받아들일 때 어떤 일이 일어나는가?(6-7절)

---

---

---

11

*5* 우리가 예수와 함께 죽음으로써 죄의 세력으로부터 자유했다는 진리는 엄청난 의미를 담고 있다. 우리가 아는 것처럼 죽음은 대단한 파괴력을 가졌다. 일단 죽음이 오면 인간관계는 완전히 끊어진다. 법적 관계나 생존 관계도 중단된다. 만약 남편이 죽으면 그 아내는 남편을 향해 사랑을 요구할 수 없다. 심지어 빚쟁이도 채무자가 죽어 버리면 손을 들 수밖에 없다. 법관도 죽은 자에게는 형을 선고하지 못한다. 죽은 자는 완전히 자유하는 것이다. 마찬가지로 우리의 옛 자아가 십자가에 못 박혀 죽었을 때, 우리는 죄와 완전히 단절된다. 죄의 힘이 통제력을 잃어 우리는 완전히 자유하게 된다. 더는 죄의 지배를 받지 않게 된다. 당신은 이 놀라운 진리를 믿는가? 이 진리를 믿을 때 죄에 대적하는 능력이 당신 안에서 역사하는 것을 체험하고 있는가?

_____

_____

_____


*6* 예수님은 죽으시고 부활하셨다. 그러므로 우리가 예수님과 함께 죽었다는 것이 사실이면 그분과 함께 산 것은 물을 필요도 없는 기정사실이다. 4절과 9절에서 이 사실을 확인해 보자.

_____

_____


*7* 당신이 예수의 부활과 함께 새 생명 가운데서 행하는 사람임을 무엇으로 증명하겠는가? 당신의 실제 생활에서 찾을 수 있는 증거를 대보라 (참고/갈 2:20).

_____

_____


12

*8* 11절은 대단히 중요한 말씀이다. 다음 글을 읽고 자신을 죄에 대해서는 죽고 하나님에 대해서는 산 자로 여기고 있는지 답해 보자.

❀ ❀ ❀

"여길지어다"(11절)라는 말은 명령문으로 볼 수 있는데, 이는 '여겨라'는 의미를 가진다. 그렇다면 이 말은 무엇을 의미하는가? 이것은 믿으라는 말보다 더 강한 뜻을 가졌다. 깨닫든지 못 깨닫든지 간에 체험과 상관없이 이미 일어난 기정사실로 받아들이라는 말이다. 그러면 "나는 아직도 습관적으로 죄를 짓는데 어떻게 옛 사람이 죽었다고 말할 수 있나?"라고 스스로 의문을 갖는 사람이 있을 것이다. 여기서 똑똑히 알아둘 것이 있다. 자기 자신을 보면 우리는 실족하기 쉽다. 따라서 우리는 예수님을 보아야 한다. 내가 죽었기 때문에 예수님이 죽으셨는가? 예수님이 죽으셨기 때문에 내가 죽은 것이다. 우리는 자신을 보면 안 된다. 예수님이 죄에 대해 죽으신 것이 사실이면 내 옛 사람도 죽은 것이다. 예수님이 하나님에 대해 사신 것이 사실이라면 나도 새 사람으로 살아난 것이 분명하다. 그러므로 설혹 죄를 지었더라도 그것을 문제 삼지 말아야 한다. 죄 용서함을 받은 느낌이 있는가 없는가를 따지지 말아야 한다. 오직 죽으시고 부활하신 예수님을 믿음으로써 그분을 단단히 붙들어야 한다. 이것이 '여기다'의 뜻이다.

_____

_____

*9* 예수님과 함께 죽고, 함께 살았다는 연합 관계를 우리가 분명한 사실로 받아들일 때 누리게 되는 유익은 무엇인가? 성령이 깨닫게 하시는 대로 전부 적어 보라.

_____

_____

**삶의 열매를 거두며**

우리는 예수님과 함께 다시 산 생명이다. 우리는 예수와 떨어질 수 없는 관계에 있다. 그러므로 설령 어떤 죄를 지었다 해도 죄 속에 거하지 않는다. 죄를 범해도 즉시 회개하고 돌아온다. 그리고 구원의 확신도 흔들리지 않는다. 이것은 하나님이 주신 크나큰 축복이다.

이토록 큰 축복을 받은 우리가 어떻게 은혜를 더하게 하려고 죄에 머물겠는가? 그럴 수는 없다. 이러한 축복을 받은 자로서 어떻게 살아야 한다고 생각하는지 분명히 대답해 보라.

# Lesson 20

# 죄가 왕 노릇 하지 못하게 하라

로마서 6:12-23

 ## 마음의 문을 열며

최근 들어 기독교가 무력하다는 말을 자주 듣는다. 이런 말을 들을 때마다 가슴이 찢어지는 아픔을 느낀다. 무엇이 교회를 무력하게 만드는가? 무엇이 성도의 생활에서 짠맛을 잃게 만드는가? 그 원인은 하나님의 자녀인 우리가 말씀을 알기만 하고 실천하지 않는 데 있다.

우리는 주일이 되면 교회에 나와 설교를 듣는다. 교회마다 조금씩 다르기는 하겠지만 주중에 몇 번 성경공부도 한다. 또 개인적으로 성경 읽는 시간도 가진다. 이처럼 말씀을 많이 듣고 배우고 읽기는 하지만, 그에 비해 우리의 삶이 알맹이가 없다는 데 문제가 있다. 알기만 하고 실천이 따르지 않는 지식은 사람을 형식주의에 빠지도록 하고 교만하게 만든다. 결국에는 말로만 떠드는 추악한 위선자로 전락하고 만다. 교회 안에서 이런 사람이 늘어간다면, 예수 믿는 자와 안 믿는 자를 구별할 수 없는 혼탁한 시대를 막지 못할 것이다.

이 시간 함께 읽은 말씀은 적신호가 켜진 오늘의 시대를 살아가는 우리에게 매우 중요한 교훈을 준다. 성령이 귀를 열어 주시도록 기도하면서 말씀을 잘 살펴보아야 하겠다.

15

*1* 12절의 '그러므로'에 주목해야 한다. 이 말은 1-11절에서 배운 진리를
요약한 것이다. 이제 우리에게 남은 과제는 배운 대로 행동에 옮기는 것
이다. 즉 믿는 대로 사는 것이다. 12-13절에서 '하지 말라'와 '하라'가
각각 몇 번 반복되는지 살펴보자.

_____

_____

_____

*2* '하지 말라'에는 명령과 연관되는 세 마디 말이 나오는데 '죄', '사욕',
'지체'라는 단어다. 이들은 먹이사슬과 같은 관계가 있다. 그 이유가 무
엇인가? 다음 설명을 읽고 깨달은 것을 정리해 보자.

❀ ❀ ❀

첫째, 죄는 여전히 살아 있다. 우리가 죄에 대해 죽은 것이지 죄가 우리
에 대해 죽은 것이 아니다. 예수님이 십자가에서 죽으실 때 우리도 함께
죽었으므로 죄는 더 이상 우리를 지배할 수 없다. 그렇다고 해서 죄의 힘
이 사라졌다거나 죄가 행동을 멈추었다고 생각하면 큰 오산이다. 죄는
여전히 활동하고 있다. 그 힘은 아직도 막강해서 폭군처럼 이 세상을 끔
찍한 악의 소굴로 만드는 중이다. 죄는 여전히 살아 있으므로 그 실체를
똑바로 보아야 한다.

둘째, 죄가 우리 몸에 아직 자리 잡고 있다는 것이다. 여기서 '죽을 몸'
은 언젠가는 죽어 흙으로 돌아갈 육체를 가리킨다. 13절에서는 '지체'라

16

는 단어로 표현한다. 그러면 왜 몸을 자꾸 거론하는 것일까? 우리가 거듭난 것은 우리의 영혼이지 몸이 아니다. 거듭난 내 속사람은 죄의 지배로부터 자유했지만 내 몸은 그렇지 못하다. 우리 몸에 본능이 있기 때문이다. 본능은 이미 부패된 성향을 지녀 죄로부터 쉽게 유혹을 받는다. 죄로부터 유혹을 받아들이면 악한 정욕으로 돌변하고 만다. 이것을 본문에서는 '몸의 사욕'이라고 했다. 예수님을 믿고 중생을 받은 자라도 자신의 사욕에 이리저리 끌려 다니게 된다.

몸은 다양한 지체로 구성된다. 손이나 발처럼 눈에 보이는 지체도 있지만 겉으로 보이는 것만이 지체가 아니다. 힘이나 기능, 성향, 재능, 상상력 등 보이지 않는 정신세계까지 지체에 포함된다. 죄는 보이지 않는 우리의 정신세계를 공격한다. 우리의 상상과 공상의 세계까지 침입한다. 손 하나 까딱하지 않고 발 하나 움직이지 않고서도 상상으로 추악한 죄를 범하게 만든다. 이것이 우리 몸이 가진 약점이다.

셋째, 범죄하면 우리의 지체는 불의의 무기가 된다는 것이다. 13절에 나오는 '무기'는 군인의 손에 들려 있는 병기를 말하는데, 이것을 다른 말로 도구라고 말한다. 즉 우리 몸이 죄가 마음대로 사용하는 도구가 된다는 말이다. '드린다'는 말은 '원하는 대로 하도록 내버려 둔다'는 의미를 가진다. 우리 지체를 불의의 무기로 드린다는 말은 죄에게 우리 자신을 "마음대로 하십시오"라고 갖다 바치는 것과 같다. 우리 몸이 죄를 짓도록 한다는 것은 우리가 하나님께 헌신하는 것처럼 우리 몸을 죄에 헌신하도록 만드는 꼴이 되는 것을 뜻한다. 이 얼마나 무서운 일인가!

17

*3* 죄는 우리의 욕심을 충동질하고, 그 욕심은 우리의 지체를 하수인으로 삼아 원치 않는 범죄를 저지르게 한다. 이것은 신앙생활을 하면서 수없이 경험하는 너무 평범한 일이다. 이야기해도 괜찮은 일이라면 한 가지 예를 들어 보자(참고 / 요 8:44).

❀ ❀ ❀

흔히들 도덕성의 척도는 정직성 여부에 따른다고 말한다. 사회 구성원들이 얼마만큼 정직한지를 조사하면 그 나라의 도덕성을 측정할 수 있다고 한다. 서울대 박모 교수가 2만 7천여 명을 대상으로 설문조사를 실시한 적이 있다. 그 자료에 따르면 "세계에서 가장 정직한 국민을 뽑는다면 어느 나라 국민이라고 생각합니까?"라는 질문에 73퍼센트의 응답자가 일본인이라고 대답했다. 아마 여기에는 이의가 없는 것 같다. "그러면 한국 사람은 어떠한가?"라고 물었다. 거기에 대한 답은 너무 불쾌해서 말을 할 수가 없다. 더 경악할 만한 것은 "우리 사회에서 정직하면 잘살 수 없다고 생각합니까?"라는 질문에 무려 73퍼센트가 동의했다는 사실이다. 더구나 73퍼센트의 응답자 중에 10~20대가 차지하는 비율이 80퍼센트를 넘었다.

일본에는 그리스도인이 전 국민의 0.5퍼센트도 안 된다. 그런 나라인데도 세계에서 가장 정직한 국민이라는 평가를 받는다. 우리나라는 인구 4분의 1 이상이 그리스도인이라고 하는데도 스스로 정직하지 못한 백성으로 낙인찍고 있다.

**4** 예수 그리스도와 하나 된 우리가 범죄하면 그것은 무엇을 뜻하는가?(16절)

_____

_____

_____

**5** 우리가 예수 믿는다고 하면서 죄를 용납하면 존재의 뿌리가 흔들리게 된다. 그 이유가 무엇인가?(참고 / 살전 4:3)

  • 17-18절

_____

_____

  • 22절

_____

_____

**6** 우리는 죄에 대해 단호하게 행동해야 한다. 절대로 죄의 종처럼 행세하지 않겠다고 굳게 다짐해야 한다. 13절 "너희 자신을 죽은 자 가운데서 다시 살아난 자 같이"라는 말씀을 고린도후서 5장 15절과 비교하면서 발견한 것이 있다면 적어 보자.

_____

_____

_____

_____

*7* 우리 지체를 하나님께 드려 거룩하게 살기로 결심하고 행동한다면 생각보다 쉽게 죄를 이길 수 있다. 그 이유가 무엇인가?(14절, 참고 / 갈 5:16)

_____

_____

_____

*8* 죄가 우리를 다스리지 못하도록 하는 은혜를 체험하기 위해서는 몇 가지 실천해야 할 것이 있다. 다음 글을 읽고 실천할 수 있는 구체적인 계획을 세워 보자.

❀ ❀ ❀

첫째, 우리 몸을 적극적으로 하나님께 드려야 한다. 죄짓지 않는 것으로 만족하면 안 된다. 죄를 짓지 않을뿐더러 자신의 몸을 하나님을 위해 기쁘게 드리는 경지까지 나아가야 한다. 에베소 교회 안의 도둑질하는 사람을 향해 무엇이라고 권면했나? "도둑질하는 자는 다시 도둑질하지 말고 돌이켜 가난한 자에게 구제할 수 있도록 자기 손으로 수고하여 선한 일을 하라"(엡 4:28). 도둑질하던 사람이 도둑질만 안 하면 되는 걸까? 배가 고프면 또 죄를 지을 수 있다. 그러므로 도둑질도 하지 않아야 하지만 그 몸을 가지고 부지런히 일해야 한다. 자신의 의식주 문제를 해결하기 위해 열심히 일할 뿐 아니라 나아가 다른 사람까지 돕도록 힘써야 한다.

정신과 의사의 말에 따르면, 정신병원에 들어오는 환자들 중에는 남자보다 여자가 많다고 한다. 여자들 중에서도 시간적 여유가 많은 사람이 정신질환에 걸리는 확률이 높다. 그리고 병원에 오는 여성 중에서 아이를 다섯 이상 낳은 사람도 거의 없다고 한다. 정신없이 아이를 키우다 보면 다른 생각할 틈이 없다는 것이다. 문제는 할 일이 없어 불상사가 일어나는 것이다.

하나님이 우리에게 헌신하라고 하신 이유도 바로 이것이다. 바쁘게 뛰어다니다 보면 죄 지을 정신적·시간적 여유가 없다. 우리는 죄를 짓지 않는 것만으로 만족해선 안 된다. 더 나아가 우리 몸을 주님을 위해 헌신해야 한다.

둘째, 우리가 항상 법 아래에 있지 않고 은혜 아래 있다는 사실을 고백해야 한다. 이에 대해 파스칼은 아주 의미 깊은 말을 했다. "율법은 줄 수 없는 것을 요구하지만, 은혜는 요구하는 모든 것을 준다." 은혜는 우리에게 감격을 안겨 주고, 자원하는 심령을 불러일으키고, 하나님의 영광을 위해서라면 생명이라도 내놓게 한다. 또한 은혜는 우리를 진정한 자유인으로 만든다. 어거스틴은 "우리에게는 하나님을 사랑하는 자유밖에 없다"고 말했다. 하나님을 사랑하는 자유인, 바로 은혜 받은 사람이다.

_____

_____

_____

 **삶의 열매를 거두며**
- - - - - - - - - - - - - - - - - - - - - - - - - - - - - - - - - - - - - -

은혜는 강하다. 은혜 충만한 사람에게는 절대로 죄의 지배가 나타나지 않는다. 은혜로 죄를 이기고 승리해야 한다. 22절의 말씀을 외우라. 그리고 이번 한 주간 죄의 유혹이 접근할 때마다 큰소리로 외워 보라. 이렇게 함으로써 경험한 은혜를 다음 모임 시간에 나눠 보자.

# 율법과 나

로마서 7:1-12

 마음의 문을 열며

---------------------------------------------------------------

6장에서 우리 옛 사람이 죄에 대하여 죽었다는 말씀을 배웠다. 7장은 우리가 율법에 대하여 죽었다는 사실을 설명했다. '율법에 대하여 죽었다' 는 말씀은 '죄에 대하여 죽었다' 는 말씀과 같은 의미다. 죄에 대하여 죽었다는 말씀처럼 '율법에 대하여 죽었다' 는 말씀 역시 이해하기 어려운 진리다.

6장 14절 말씀을 다시 한 번 살펴보자. "죄가 너희를 주장하지 못하리니 이는 너희가 법 아래에 있지 아니하고 은혜 아래에 있음이라." 이 중에서 '법 아래에 있지 아니하다' 는 말씀에 주목하기 바란다. 7장 전반부의 내용은 이 짧은 구절을 설명하기 위해 기록된 것이라고 할 수 있다. 예수 믿는 우리는 더 이상 율법에 매여 있지 않다. 왜냐하면 우리는 이미 죄 아래 있지 않기 때문이다. 이것을 구체적으로 설명하는 내용이 오늘 본문이다. 쉽게 깨달을 수 없는 말씀이지만, 성령이 진리 앞으로 인도해 주시기를 기도하면서 말씀을 묵상하면 은혜의 문이 열릴 것이다.

말씀의 씨를 뿌리며

------------------------------------------------------------

*1* 우리가 율법에 대해 죽었고, 그 아래 매여 있지 않다는 사실을 설명하기 위해 본문에서 어떤 비유를 사용했는가? 그리고 그 비유가 주는 교훈의 핵심은 무엇인가?(2-3절)

------------------------------------------------------------

------------------------------------------------------------

------------------------------------------------------------

*2* 율법과 우리를 놓고 볼 때, 어떤 면에서 율법이 남편의 위치에 있다고 할 수 있는가?

------------------------------------------------------------

------------------------------------------------------------

*3* 우리가 율법의 지배에서 벗어나려면 율법과 우리 중에 어느 한쪽이 죽어야 한다. 앞에 나온 비유에서는 남편이 죽고 약한 부인이 사는 것으로 되어 있는데, 여기서는 거꾸로 약한 내가 죽고 율법이 사는 것으로 나와 있다. 어떻게 해야 이렇게 바뀌는지 혼란이 일어날 수 있다. 그러나 그것은 별로 문제가 되지 않는다. 사도 바울이 부부의 예를 든 것은 어느 쪽이 죽었는가를 밝히는 데 목적이 있는 것이 아니다. 그는 죽음이라는 것이 둘 사이의 모든 관계를 끊어 놓는다는 사실을 말하려는 것이다. 그러면 언제 우리가 율법에 대해 죽었는가?(4절, 참고 / 갈 2:19-20)

------------------------------------------------------------

------------------------------------------------------------

*4* 우리를 율법에서 자유하게 하신 목적은 무엇인가?(4, 6절)

_____

_____

_____


*5* 열매 맺는 삶에 대해 생각해 보자. 당신은 율법에서 자유한 자답게 열매를 맺고 있는가?(참고 / 요 15:5, 8; 엡 5:9)

_____

_____

_____


*6* 율법에는 몇 가지 독특한 기능이 있다. 7절과 8절은 각각 첫째 기능과 둘째 기능에 대해 설명하는데, 그것은 무엇인가?

_____

_____

_____


*7* 세 번째 기능은 우리를 철저히 죽이는 것이다. 여기서 죽는다는 것은 무엇을 의미하는가?(9, 11절, 참고 / 롬 3:19-20)

_____

_____

_____

*8* 네 번째 기능은 우리를 속이는 도구가 될 수 있다는 것이다. 11절에 '나를 속이고' 라는 표현이 나온다. 무엇을 속인다는 말인가?(9절, 참고 / 빌 3:3-6; 갈 2:16)

_____

_____

_____

*9* 지금도 율법에 속고 있는 자들이 엄청나게 많다. 그 예를 들어 보자. 당신도 그들 중 하나인가?(참고 / 눅 18:18-23)

_____

_____

_____

 **삶의 열매를 거두며**

- - - - - - - - - - - - - - - - - - - - - - - - - - - - - - - - - - - - - -

오늘날에는 율법으로 말미암아 자아가 철저히 죽는 경험을 한 사람이 그리 많지 않다. 철저히 죽는 체험이 없다면 새 생명으로 사는 체험이 따라오기 어렵다. 그래서 죽는 흉내, 살아난 흉내만 내는 신앙인이 많은 것이다. 다음 글을 읽고 자신은 어떤지 적용해 보라.

❀ ❀ ❀

나는 죽고 죄가 살아나는 은혜가 우리나라 역사상 8·15 해방 후 일부 교회에서 강하게 나타났다. 성령의 역사가 일어나면 깊은 죄의식을 감당하지 못해 기절하며 땅바닥에 쓰러지는 사람까지 있었다. 그런데 불행하게도 요즘 교회 안에는 이처럼 율법을 깨닫는 은혜가 희박해졌다.

옛날 우리 선배들은 율법에 대해 깨닫는 은혜가 많았다. 어렸을 때 예배당에 가서 보면 기도하면서 우는 사람이 아주 많았다. 눈물을 흘릴 일이 뭐 그렇게 많은지 기도할 때마다 울었다. 부정적인 면으로 본다면 '예배당은 울기 위해 모이는 곳', '우는 것이 은혜', '통곡이 없으면 은혜 못 받은 자'로 통할 만큼 지나친 면도 없지 않았다. 그러나 그들의 참된 죄의식과 회개는 우리가 본받아야 할 유산이다. 그들이 복음과 함께 깊고도 진지한 영혼의 고통을 내세운 점은 진실로 옳았다.

존 버니언(John Bunyan)은 『죄인의 괴수에게 넘치는 하나님의 은혜』에서 거의 18개월 동안 자신이 얼마나 무서운 죄의식의 고뇌 속에서 사로잡혔던지 들에서 먹이를 찾고 있는 기러기가 부러웠다고 토로했다. 차라리 사람으로 태어나지 않았다면 더 나을 뻔했노라고 말했다. 그는 율법을 새삼스럽게 깨달은 것이다. 죄는 살아나고 나는 죽어 버리는 이 가공할 만한 죄책감, 이것은 성령이 주시는 특별한 은혜다. 이는 성령 받은 사람만이 아는 은혜다. 십자가 앞에 서는 자만이 아는 은혜다. 율법을 바로 깨달은 자만이 아는 은혜다.

그러나 오늘날 현대 교회를 한번 보자. 정반대의 병리 현상이 판을 치고 있다. 죄인은 많은데 죄의식은 희박하다. 많은 교인이 가슴속의 묵은 땅을 갈려고 하지 않는다. 마음속에 있는 가시덤불을 뽑아내려고 하지 않는다. 죄의 감각을 상실한 채 살아갈 때가 많다. 우리는 율법의 정신을 바로 깨달아야 한다. 죄는 살아나고 나는 죽어 버리는 은혜를 체험해야 한다. 그래야만 우리를 율법에서 해방시키신 예수 그리스도의 은혜가 너무 좋아 춤을 추며 감사하는 사람이 된다.

<br/>

*Lesson* *22*

# 오호라 나는 곤고한 사람이로다

로마서 7:13-25

 마음의 문을 열며

----------------------------------------------------------------

오늘 본문은 로마서 중에서도 해석하기가 대단히 어려운 내용으로, 아직도 학자들 간에 논쟁이 계속되고 있다. 논쟁의 첫 번째 초점은 본문 중에 나오는 '나'가 누구냐는 문제다. 주체가 바울인지, 아니면 제삼자인지 서로 의견이 대립된 상태다. 둘째는, 이 이야기가 '언제' 경험한 것인가 라는 문제다. 만약 바울이 자신의 경험을 이야기하는 것이라면 그가 예수님을 믿기 이전에 체험한 것인지, 아니면 예수님을 믿고 나서 체험한 것인지, 아니면 어떤 특별한 경우를 체험한 것인지를 놓고 의견이 서로 대립된 상태다.

그런데 오늘 본문은 중생한 사람이 겪게 되는 영적 갈등을 이야기한 것이라고 보는 입장이 훨씬 설득력이 있다. 다시 말해 중생받은 다음 바울이 몸소 체험한 내적 모순과 갈등을 솔직하게 털어놓고 있는 것이다. 이 시간 우리는 바울의 문제가 다른 사람의 이야기가 아니라는 점을 깨닫게 될 것이다.

**말씀의 씨를 뿌리며**

---------------------------------------------------------

*1* 율법 앞에서 자신의 죽음을 맛본 사람이라면 자기 속에 또 다른 일면이
있음을 깨닫게 된다. 그것이 무엇인가?

• 19절
_____

• 21절
_____

• 22절
_____

---

*2* 율법에 대해 위험한 오해를 하는 사람이 종종 있다. "예수 믿는 사람은
율법에서 해방되었어. 이제 율법은 필요 없게 되었어. 우리는 은혜의 시
대에 살고 있어. 그러므로 율법을 가지고 부담을 느낀다는 것 자체가 잘
못된 생각이야." 이렇게 율법을 경시하는 사람이 가끔 있다. 무슨 잘못
이 있는 걸까? 다음 글을 참고해 이야기를 나눠 보자(참고 / 요 14:21).

❀ ❀ ❀

영의 눈이 열려 주의 법을 새로 깨닫는 자는 특별한 은혜를 받는다. 그것
은 선악을 분명히 아는 은혜, 선을 간절히 행하고 싶어 하는 은혜, 율법
을 즐거워하는 은혜다. 성령 받은 사람의 마음에는 이 세 가지 은혜가 뒤
따라온다. 7장에 나오는 '나'라는 주인공은 바로 이런 은혜를 체험하는
사람이다.

_____

_____

*3* 성령으로 거듭난 하나님의 자녀는 율법을 배척하지 않는다. 거룩한 하나님의 계명으로 믿기 때문에 그대로 순종하고 싶어 하고, 즐거워하는 마음이 생긴다. 이와 반대로 귀찮은 것, 부담스러운 것, 벗어 버리고 싶은 것으로만 여긴다면 율법을 크게 오해한 것이다. 당신의 마음은 어떤가? 예를 들어 십계명에 대해 당신의 생각은 어떤가?

_____

_____

_____


*4* 중생받은 자에게는 세 가지 모순이 존재한다. 첫 번째 모순은 율법을 통해 은혜받은 사람의 마음속에 항상 선을 사모하고 즐거워하는 일만 생기는 것이 아니라는 점이다. 이전에 알지 못했던 이율배반적인 모순이 자기 속에 자리 잡는 것을 보며 갈등에 빠지는 경우가 종종 발생한다. 그 모순은 무엇인가?

• 15절

_____

• 18절

_____

• 19절

_____


*5* 17절은 두 번째 모순이 무엇인지 보여 준다. 그것은 서로 다른 두 개의 소원이나 성향, 법이 자기 안에 공존하는 것이다. 이를 두 개의 자아라고 생각해 볼 수 있다(참고 / 18, 23, 28절). 다음 글을 읽고 당신도 이러한 모순을 느끼는지 말해 보자.

**❋ ❋ ❋**

우리의 몸에는 연약성이 있고, 부패성이 남아 있다. 그래서 우리 몸에 죄가 쉽사리 자리 잡을 수 있는 것이다. 어떤 성경학자는 "우리 몸은 죄의 작업장과 같다"고 말했다. 맞는 말이다. 우리 몸은 죄가 활동하는 장소다. 이때 '내 속'은 '내 영혼'도 아니요, '내 새로운 자아'도 아니다. 그것은 부패성을 가진 우리의 몸이다. 연약성을 가진 육체로, 이 속에 죄가 거하는 것이다. 이 죄는 초대받은 손님이 아니다. 월세를 내는 하숙자도 아니다. 무단 거주자일 뿐이다. 도무지 쫓아낼 수 없는 무법자다. 아무도 환영하지 않는 불청객이다. 이 죄가 우리 몸에 거하고 있는 것이다.

---

**6** 세 번째 모순은 악한 소욕에 굴복하는 패배를 맛보는 것이다. 23절은 이에 대해 어떻게 말하는가?

---

**7** 바울은 자기 안에 심각한 모순을 안고 있다고 말한다. 그가 말한 모순은 세 가지, 즉 이율배반의 모순과 갈등의 모순, 패배의 모순이다. 이것은 참으로 부끄럽고 고통스러운 실존의 모습이 아닐 수 없다. 중생한 사람으로서 이럴 수 있느냐고 탄식하는 자기모순이다. 그래서 그는 자신의 내면을 보면서 절망감을 느낀 것 같다. 14, 24절을 주의해 살펴보자(참고 / 롬 5:1, 6:6, 7:6).

$8$ 다음 글을 읽고 당신은 어떤지 한번 생각해 보자. 당신에게도 바울이 보았던 자기모순이나 절망이 있는가?

❈ ❈ ❈

이런 모순의 의미에서 '오호라'의 탄식은 긍정적인 것이다. 오히려 이런 탄식이 없는 신앙생활이 비정상이라고 말할 수 있다. '오호라'의 탄식은 우리가 가끔 체험해야 할 불가피한 은혜라고 생각한다. 여기에는 분명한 이유가 있다. '오호라'의 탄식은 우리가 죄를 범했을 때 터져 나오는 것이다. 그것은 우리가 말씀대로 살지 못했을 때 오는 갈등과 가책, 고통, 회개의 눈물을 의미한다. 우리 몸에는 죄가 거한다. 이 죄는 처음에 방문객처럼 머물다 떠나는 것처럼 보일 수도 있다. 이때는 죄가 우리 속에 있기는 하지만 힘을 쓰지 못한다. 그러나 조금만 방심하거나 믿음이 약해지면 갑자기 죄가 주인 행세를 하려 든다. 불행하게도 죄의 무서운 손아귀에 잡히면 끌려갈 수밖에 없다. 우리 중에 그 누구도 스스로 죄짓기를 원하는 사람은 없지만, 육신을 입고 있는 이상 누구나 죄에 끌려갈 수 있다는 약점을 지녔다. 하루에도 수없이 '오호라'고 탄식할 만한 일이 발생하기도 한다.

'오호라'의 탄식이 전혀 없는 신앙생활은 문제가 있는 것이다. 만약 '오호라'가 전혀 없다면 거짓 믿음을 가졌거나 버림당한 사람일지도 모른다. 당신에게 말씀대로 살지 못하는 안타까움이 있는가? 원하는 대로 행하지 못하는 모순을 가졌는가? 성령의 소욕과 육체의 소욕으로 갈등하는가? 당신에게 이 같은 갈등이 있다면 "오호라 나는 곤고한 사람이로다"라는 탄식이 있어야 옳다. 이 탄식은 하나님이 주시는 은혜다. 이것은 중생하지 못한 사람한테서는 들을 수 없는 탄식이다. 회개는 하나님이 도와 주셔야 할 수 있다. 회개는 자신의 의지대로 만들어 내는 제품이 아니다. 우리 속에 큰 모순이 있는데도 '오호라'의 탄식이 없다면 우리는 무엇인가 크게 잘못된 사람이다.

_____

_____

_____

*9* '오호라'라고 탄식하던 바울이 어떻게 금방 '감사하리로다'라고 소리칠 수 있는가? 중간에 접속사도 없다. 이처럼 급작스러운 전환은 무엇을 의미하는가? 여기에는 큰 진리가 숨어 있다. 그것이 무엇이라고 생각하는가? 그리고 어떻게 이런 전환이 가능한 걸까?

_____

_____

_____

 **삶의 열매를 거두며**
- - - - - - - - - - - - - - - - - - - - - - - - - - - - - - - - - - - - - - - - -

**다음 글을 소리 높여 읽어 보자. 그리고 찬송가 182장으로 주님을 찬송하자.**

❀ ❀ ❀

하나님의 자녀는 죄 때문에 고통받고 괴로워하다가도 금방 일어나서 예수 그리스도를 바라보아야 한다. 그리고 기뻐하면서 할렐루야를 외쳐야 한다. 왜 그럴까? 우리의 상한 마음을 싸매 주시고 눈물을 씻겨 주시는 분이 예수님 외에 누가 있는가? 우리의 약함과 허물을 용서하시고 하나님 앞에 떳떳하게 들어가도록 문을 활짝 열어 주시는 분이 예수님 외에 누가 있는가? 우리가 어떤 죄를 범해도 용서받도록 의의 옷으로 감싸 주시는 분이 예수님 외에 누가 있는가? 한 번 범한 죄를 다시 범하지 않도록 성령으로 우리를 무장시키고 하나님의 능력으로 우리를 새롭게 다시 세워 주시는 분이 예수님 외에 누가 있는가? 그러므로 우리는 울다가도 주님을 보아야 한다. 괴로워하는 자리에 오래 머물면 안 된다. 재빨리 십자가의 주님, 부활의 주님을 보아야 한다. '오호라'의 은혜가 있는가? 즉시 '감사하리로다'의 은혜로 들어가기 바란다.

———————————————————————————————

———————————————————————————————

———————————————————————————————

*Lesson 23*

# 정죄함이 없는 성령의 사람

로마서 8:1-11

 마음의 문을 열며

---------------------------------------------------

어떤 성경학자는 로마서 8장을 놓고 문학적으로 이렇게 표현했다. "성경 전체를 통해서 흐르던 여러 갈래의 강물이 로마서 8장에서 하나의 생명수 강을 이루어 하나님의 어린 양 보좌 앞에 깔린 수정처럼 맑게 흐르고 있다."

로마서 8장을 마음에 담고 생활하다 보면 새록새록 받는 은혜가 많다. 우리는 곤고한 인생의 여로를 힘겹게 걸어가는 나그네와 같은 존재다. 갖가지 인생고로 말미암은 어두운 그림자가 시시때때로 우리를 엄습해 온다. 그때마다 이 로마서 8장을 마음에 담고 깊이 묵상하면 힘과 용기를 얻을 수 있다. 8장에 담겨 있는 서른아홉 구절의 말씀은 우리가 겪는 갖가지 문제에 대해 전천후적인 해답을 제시한다. 믿음이 흔들릴 때, 하나님의 사랑이 의심스러울 때, 마음의 정욕이 발동할 때, 성령의 은혜에 의심이 들 때, 고독을 느낄 때, 기도의 응답이 오지 않을 때, 고통에 빠질 때, 소망이 흐려질 때 등 어느 경우를 막론하고 이 말씀은 성령이 주시는 하나님의 응답이 된다. 이런 의미에서 로마서 8장을 꼭 암송하기 바란다. 그러면 두고두고 귀한 은혜를 받게 될 것이다.

34

**말씀의 씨를 뿌리며**

------------------------------------------------------------

*1* 1절의 '그러므로'는 8장에 흐르고 있는 은혜의 강 속으로 뛰어들기 위해 올라서는 다이빙 보드와도 같다. 왜 그런지 다음 구절을 통해 설명해 보라.

• 로마서 3:24

---

• 로마서 5:1

---

*2* 믿는 자는 절대로 정죄당할 수 없다. 3-4절을 가지고 정죄당할 수 없는 이유를 설명해 보라. 당신의 마음을 찡하게 만드는 내용이 있는가?(참고 / 갈 3:13)

---

---

*3* 8장에서는 '성령'이라는 단어가 20번 나온다. 그래서 어떤 사람은 로마서 8장을 일컬어서 '성령장'이라고 말한다. 성령을 모시고 사는 사람에게는 몇 가지 특징이 있다. 다음 구절을 읽고 그 특징을 정리해 보자.

• 9절

---

• 10절

---

• 11절

---

✦ 9-11절의 내용으로 성령이 삼위일체 하나님 되심을 어떻게 나타내는지 이야기해 보자.

_____

_____

_____

_5_ 성령은 예수님이 우리를 위해 해 놓으신 일을 우리 것이 되게 하신다. 다음 글을 읽고 예수님과 성령께서 우리를 위해 하시는 일을 정리해 보자.

❀ ❀ ❀

죄수를 석방하려면 판사가 석방서를 써 주어야 한다. 그래야만 교도소 소장이 그것을 보고 옥문을 열어 준다. 같은 맥락으로 예수님이 십자가에서 죽으시고 다시 부활하신 것은 하나님이 내어 놓으신 석방서와 같다. 성령은 이 석방서를 근거로 죄와 사망의 옥문을 열고 우리를 해방시켜 주시는 것이다. 예수 그리스도의 십자가는 우리가 해방될 수 있는 모든 근거를 마련해 주었고, 성령은 그 일을 실제로 우리에게 일어나도록 해 주신다. 물론 시간 차이는 있다. 예수님이 십자가에 못 박히신 일은 2천 년 전의 이야기다. 우리는 그 시대에 태어나지도 않았다. 그럼에도 예수님이 십자가에서 못 박히실 때 하나님은 그 십자가의 죽음에 우리를 함께 포함시키셨다. 예수님이 죽으셨을 때 우리도 함께 죽은 것이다. 드디어 우리가 세상에 태어났고 어떤 동기로 예수님을 믿게 되었다. 그때 우리 마음에 성령이 들어와서 자리 잡으셨다. 성령은 우리를 죄와 사망의 법에서 자유케 하셨다. 2천 년 전에 있었던 일을 성령께서 우리에게 일어나도록 실제로 적용하신 것이다. 시간적 차이는 있지만 틀림없는 사실이다. 우리는 이와 같은 은혜를 받았다. 그러므로 하나님의 자녀는 다시는 죄의 종이 될 수 없다. 죄가 육체의 연약함을 이용하여 접근할 수는 있어도 우리를 노예로 삼을 수는 없다. 왜냐하면 우리를 해방시킨 성령이 우리 안에 계시기 때문이다.

_____

_____

_____

**6** 성령은 하나님이 원하시는 거룩한 삶을 살 수 있게 하심으로써 우리가 정죄를 당하지 않게 하신다. 이 사실을 4절에서는 어떤 식으로 말하고 있는가?

_____

_____

_____

**7** 성령을 받으면 율법의 요구에 어떻게 순종하는가?(5-8절)

_____

_____

_____

**8** 같은 생각이라도 육신의 생각과 영의 생각은 하늘과 땅만큼의 차이가 난다. 그리고 사람이 무슨 생각을 하고 있는가에 따라 그 인격의 질이 결정된다. 다음 예화를 읽고 느낀 바를 말해 보자.

❀ ❀ ❀

예전에 미국의 어느 신문에 자신이 고양이로 변하고 있다는 생각에 깊이 빠진 부인의 이야기가 실린 적이 있다. 아멜라라고 하는 이 부인은 20년 동안 고양이 음식을 먹고 살았다고 한다. 그 나라에는 애완동물용으로 개발된 식품이 다양하게 갖춰져 있다. 그래서 필요할 때마다 언제든지 시장에서 구입할 수 있다. 고양이 밥이라 해도 우리나라의 라면보다 못하지 않다.

어느 날 이 부인이 키우던 고양이가 죽어 버렸다. 애지중지하던 고양이가 죽자 부인은 몹시 허전했다. 넉넉한 처지가 아니었던 그녀는 미리 사두었던 고양이 밥이 많이 남아 있어서 그것을 식사 때마다 먹기 시작했고, 조금씩 먹기 시작한 것이 버릇이 되어 20년 동안 먹었다고 한다.

그녀는 외롭게 혼자 살았다. 그런 이유 때문인지 정신적 장애를 가졌다. 고양이 밥을 먹으면서 그녀는 자신이 점점 고양이가 되어간다는 착각에 빠졌다. 그리고 20년 동안 고양이 밥을 먹어서인지 진짜 고양이 행세를 하기 시작했다. 심지어 생긴 모습도 점차 고양이처럼 변해 갔다. 신문에 실린 사진을 보았는데 그렇게 봐서 그런지 몰라도 진짜 고양이처럼 보였다. 스스로 고양이라고 생각하는 사람은 그 모습도 고양이를 닮아 가나 보다. 이만큼 생각은 무서운 것이다.

---

---

---

## *9* 육신의 생각과 성령의 생각을 어떻게 구별하는가?

• 갈라디아서 5:19-21

---

• 갈라디아서 5:22-23

---

삶의 열매를 거두며

------------------------------------------------

당신은 성령의 사람임이 분명한가? 오늘 배운 말씀을 근거로 하여 그 증거
를 제시할 수 있는지 각자 돌아가며 말해 보라.

# 성령의 사람은 성령으로 행한다

로마서 8:12-17

 마음의 문을 열며

당신은 성령을 모시는 사람이 되었다는 사실 때문에 얼마나 기뻐했는가? 다시 말해 '내 안에 성령이 계시구나' 라는 생각에 너무 좋아 춤이라도 출 것 같은 행복감에 젖어 본 일이 있느냐는 것이다. 최근 민수기 11장을 읽으면서 그런 느낌을 맛보았다. 성령을 주신 하나님이 어찌나 감사한지, 성령이 내 안에 계신다고 생각하면 그렇게 마음이 편하고 기쁠 수가 없었다.

모세의 꿈은 모든 백성이 한 사람도 빠짐없이 성령을 받는 것이었다(민 11:29). 놀랍게도 그의 꿈은 우리에게 이루어졌다. 우리 모두에게 하나님이 성령을 주셨다. 남종과 여종을 가리지 않고 예수 그리스도를 부르기만 하면 성령을 주셨다. 따라서 우리는 성령을 모신 사람이 되었다. 여기서 반드시 알아야 하는 중요한 사실 하나가 있다. 성령의 사람은 하나님을 향해 고기를 달라며 원망하는 짓을 하지 않는다는 것이다. 다시 말해서 성령을 모신 사람은 육신대로 살 수 없다는 말이다. 이 시간 이 사실을 배울 수 있기를 바란다.

말씀의 씨를 뿌리며

---------------------------------------------------

*1* 성령의 사람은 누구한테 빚을 질 수 없는가? 그리고 '빚진다'는 의미가 무엇이라고 생각하는가?(참고 / 4-5절)

_____

_____

_____

*2* 하나님의 자녀가 육신대로 살면 죽는다고 한다. 이 말은 무슨 의미인 가?(13절, 참고 / 고전 6:9-10)

_____

_____

_____

*3* 성령으로 사는 사람은 날마다 행동으로 그 사실을 입증할 수 있어야 한 다. 성령은 항상 우리를 분명한 행동으로 인도하시기 때문이다. 14절에 보면 "무릇 하나님의 영으로 인도함을 받는 사람은"이라는 구절이 나온 다. 여기에서 '인도함을 받는다'는 것은 헬라어로 '아고나이'다. 강제 로 끌고 간다는 의미를 담고 있다. 성령의 끄는 힘은 굉장히 강하다. 육 신에 대해서는 항상 '아니오'라고 대답하도록 만든다. 성령에 대해서 는 항상 '그렇습니다'라고 대답하도록 만든다. 당신에게 이 같은 '아고 나이'가 있는가? 당신은 그 순간마다 어떻게 반응하는가?

_____

_____

_____

✔ 성령의 인도함을 받는 사람은 몸의 행실을 죽여야 한다(13절). '죽이다'는 말은 '꼼짝 못하게 하다'나 '끊어 버리다' 등의 강한 의미를 담고 있다. 그리고 매일 반복되는 행동을 가리키는 현재 동사다. 몸의 행실을 죽일 수 있는 구체적인 방법이 있다. 다음의 글을 읽고 당신은 어떤지 말해 보라.

❀ ❀ ❀

성령이 내 안에 계심을 반드시 믿어야 한다. 우리를 죄와 사망에서 해방시키신 하나님의 영, 그리스도를 죽은 자 가운데서 살리신 성령이 우리 안에 계심을 조금도 의심하지 말고 믿는 것이 우리 몸의 행실을 죽이는 제1단계 작업이다. 성령은 무엇이나 다하실 수 있는 전능하신 하나님이다. "전능자 하나님이 내 마음에 계신다. 나와 함께 동행하신다"는 것을 한시도 잊지 않고 믿는 그 믿음 자체가 우리에게 죄악에 끌려 들어가지 못하도록 막는 성령의 능력이 된다.

성령이 하실 것이라고 믿는 만큼 성령도 우리를 도우신다. 또한 믿지 않는 만큼 성령은 우리를 돕지 못하신다. 이 사실을 꼭 기억하기 바란다. 성령이 내 안에 계시는 것을 믿지 않은 채 어떤 유혹 앞에서 그것을 이겨 보려고 몸부림치면 어떤 결과가 나올 거라고 생각하는가? "오호라 나는 곤고한 사람이로다"라고 탄식하게 된다. 본문에서 '너희가' 몸의 행실을 죽이라고 하지 않는 것에 주의하기 바란다. '영으로써' 몸의 행실을 죽이라고 말씀한다. 몸의 행실은 성령께서 죽이시는 것이지 우리가 죽이는 것이 아니다. 그러므로 성령께서 일하실 수 있도록 해야 한다. 그것이 무엇인가? 바로 내 안에 계시는 성령을 믿는 것이다.

*5* 몸의 행실을 죽이는 두 번째 방법은 우리 자신이 누구인가를 잊지 않는 것이다. 우리는 누구인가?(14-16절, 참고 / 요일 3:2-3)

_____

_____

_____

*6* 세 번째 방법은 유혹을 단호하게 물리치는 것이다. 다음 글을 읽고 당신은 어떤지 반성해 보자(참고 / 욥 31:1; 잠 4:25).

❀ ❀ ❀

성령은 우리를 대신해서 직접 행동하지 않으신다. 성령은 보혜사, 즉 돕는 분이다. 우리가 행동하도록 힘을 주고 격려하는 분이지 "너는 가만히 있어. 내가 다해 줄게"라고 말씀하시는 분이 아니다. 그러므로 우리가 성령께 순종하지 아니하면 성령도 속수무책이다. 그럴 경우에 그는 혼자 탄식하시고 근심하신다고 한다. 성령이 대신해 주실 수 있다면 탄식이 필요 없을 것이다. 그러므로 유혹이 다가오면 스스로 단호하게 물리쳐야 한다. 누가 대신해 주기를 기다려선 안 된다. "자신의 정원을 깨끗하게 가꾸고자 하는 사람은 잡초를 자라게 해서는 안 된다"는 유명한 말이 있다. 우리 마음을 하나님의 거룩한 전으로 깨끗이 가꾸기를 원한다면 마음속에 잡초가 보일 때마다 뽑아 버려야 한다. 이것이 몸의 행실을 죽이는 일이다. 예수님을 믿으면서도 아직 뭔가 잘 안 되는 사람이 많다. 당신을 도우시는 성령께 의지하기를 바란다.

_____

_____

_____

*7* 네 번째 방법은 주야로 말씀을 묵상하며 무시로 성령 안에서 기도하는 것이다. 대부분 사람이 이 방법대로 살지 않다가 넘어지게 된다.

• 에베소서 6:17(시 119:9, 11)

_____

_____

• 에베소서 6:18

_____

_____

*8* 지금까지 우리는 영으로 육신을 죽이는 네 가지 방법에 대해 이야기를 나눴다. 이 중에서 가장 잘 되지 않는 것은 무엇인가? 그리고 지금부터 당장 실천하기 위해 어떻게 할 생각인가?

_____

_____

_____

*9* 영으로 몸의 행실을 죽이는 성령의 사람에게는 기막힌 행복이 따라온다. 그것이 무엇인가?(15절)

_____

_____

_____

삶의 열매를 거두며

다음 글을 읽고 당신에게도 이 같은 행복이 있는지 이야기해 보자.

❀ ❀ ❀

하나님을 향해 "아바 아버지"라고 부르는 것은 예수님이 세상에 계실 때 하시던 일이었다. 이것은 순진한 아기가 아버지를 향해 부르는 이름이다. 여기서 품위나 체면은 찾아볼 수 없다. 아버지가 마냥 좋아서 떨어지지 않는 어린아이한테만 통하는 말이다. 마음에서 우러나오는 사랑의 감정이 넘치는 말이다. 아버지를 생각할 때마다 기쁨을 이기지 못해 터지는 말인 것이다.

'부르짖는다' 는 뜨거운 감정을 담고 소리 내어 부르는 것을 뜻한다. 또한 어떤 경우에는 끈질기게 재촉하는 말이기도 하다. 다시 말하면 좋아서 부르는 소리요, 반가워서 터지는 소리요, 급해서 찾는 소리다. 그러므로 "아바 아버지"라고 부르는 것은 기도하는 것만을 의미하지 않는다. 하나님을 찬송하는 것이요, 행복해서 부르는 이름이요, 즐거워하면서 하나님을 부르는 이름이다. 하나님을 "아바 아버지"라 부르는 사람은 그 마음이 늘 평안하며 말로 형용할 수 없는 기쁨이 솟아나는 것을 경험한다.

아버지를 향해 "아빠"라고 부를 수 있는 나이의 아이를 한번 상상해 보자. 그 아이한테는 세상에서 가장 크고 자랑스러워 보이는 사람이 아버지일 것이다. 아버지는 무엇이나 자기를 위해서 다해 줄 수 있는 하나님 같은 존재로 보일 것이다. 그리고 아버지가 자신을 사랑한다는 사랑에 대한 확신을 가질 것이다. 그의 마음에는 아버지에 대한 두려움이 하나도 없다. 어색함도 없다. "아바 아버지", 얼마나 행복한 부름인지 모른다.

*Lesson 25*

# 고난, 탄식, 영광

로마서 8:18-25

 ## 마음의 문을 열며

------------------------------------------------------------

미국 오페라를 대표하는 힐리니 할버튼이라고 하는 유명한 가수가 있었다. 어느 날 아들이 이웃집 아이와 놀면서 주고받는 대화를 집 안에서 살짝 엿듣게 되었다. 이웃집 아이가 아들한테 "우리 아버지는 시장을 잘 아신다"라고 자랑하니까 그의 아들은 "우리 아버지는 하나님을 잘 아셔"라고 대꾸하는 것이었다. 아들의 대답을 듣는 순간 그만 눈물이 쏟아지기 시작해 서재로 들어가서 실컷 울었다고 한다.

하나님의 자녀가 되었다는 것은 너무 황홀하고 자랑스러운 일이다. 하지만 악한 세상에서는 사람들의 눈에 시장을 잘 안다는 것이 훨씬 매력적으로 다가온다. 왜 그런가? 미안한 말이지만 세상 사람은 하나님과 원수 된 마귀의 자식들이기 때문이다. 그런데 우리는 그들과 섞여 이 세상을 살아가고 있다. 그렇다 보니 그만한 대가를 지급해야 하는 형편에 놓여 있다. 그 값을 치러야만 비로소 하나님의 자녀다움이 나타나는 것이다. 대가를 지급하지 않는다면 마귀의 자녀들과 하나도 다를 바가 없다.

오늘 함께 읽은 말씀은 하나님의 자녀 된 자가 세상에서 치러야 할 대가가 어떤 것인지 보여 주고 있다. 그리고 그 대가를 지급할 때 누릴 수 있는 축복에 대해 말씀하고 있다. 이것을 세 단어로 이야기한다면 고난, 탄식, 영광이라고 할 수 있다.

![icon] 말씀의 씨를 뿌리며

---

*1* 17절에서 언급된 '그리스도와 함께 받는 고난'은 예수님이 세상에서 받으신 고난을 함께 당한다는 의미가 될 것이다. 예수님이 받으신 고난은 어떤 성격의 것이었는가?(참고 / 요 5:17-18; 마 27:39-40)

_____

_____

_____

*2* 하나님의 아들이라는 신분 때문에 직접 또는 간접으로 받을 수 있는 현재의 고난이 있다면 어떤 것이라고 생각하는가? 자신의 경험을 들어 이야기해 보자(참고 / 요 15:20).

_____

_____

_____

*3* 예수 믿는 사람이라는 이유로 당하는 고난을 기뻐할 이유와 극복할 수 있는 비결이 18절에 나와 있다. 그것은 무엇인가?(참고 / 벧전 4:13)

_____

_____

_____

**4** 우리만이 아는 탄식이 있다. 다음 글을 읽고 자신에게는 이 탄식이 어느 정도로 진하게 배어 나오고 있는지 살펴보자.

✻✻✻

'탄식한다'는 말은 해산하는 산모가 비명을 지르는 것을 가리키는 단어다. 단순한 비통함에서 터지는 탄식을 말하는 것이 아니다. 산모가 애를 낳으면서 지르는 비명은 절망의 탄식이 아니다. 새 생명을 품에 안을 수 있다는 희망에 차서, 새 생명을 얻는다는 기쁨을 안고 비명을 지르는 것이다. 눈에는 눈물이 흐르고 그야말로 곁에서 보기가 민망할 정도로 고통스럽지만, 그 마음에는 희망과 기쁨이 있다. 이것이 바로 여기서 이야기하는 탄식의 의미다.

이는 우리 몸이 그리스도의 몸처럼 변화될 날을 기다리는 탄식이다. 성경에 보면 이렇게 말씀한다. "참으로 우리가 여기 있어 탄식하며 하늘로부터 오는 우리 처소로 덧입기를 간절히 사모하노라"(고후 5:2). 지금은 이 세상에서 썩을 몸을 입고 힘들게 살고 있지만 주님이 오시면 우리의 죽을 몸이 새 몸을 입고 영생할 것이다. 그러므로 우리의 탄식은 일종의 기다림에서 오는 탄식이요, 사모하는 탄식이라고 말할 수 있다. 우리는 몸이 병들면 신음하고 고통스러워한다. 예수님을 믿는다고 해서 멸시 받을 때 탄식한다. 사랑하는 사람이 땅에 묻히는 것을 보고 통곡한다. 그러나 이는 모두 절망의 탄식이 아니다. 어려움을 당하면 당할수록 더 기다려지는 것이 있어 속에서부터 터지는 탄식이다.

_____

_____

_____

**5** 하나님의 아들과 함께 탄식하는 존재가 있다고 한다. 그것이 무엇인가? 그리고 왜 탄식하는가?(19-22절)

*6* 하나님은 사람의 구원만으로 만족하지 않으신다. 사람이 범죄하면서 함께 저주받은 자연 만물까지 구원하기를 원하신다. 그래서 나중에 사람뿐 아니라 자연도 하나님을 찬양하게 되는 것이다. 21절과 함께 다음 구절을 비교하면서 묵상해 보라.

• 이사야 11:6-9(참고 / 사 35:5-10)


• 요한계시록 21:5(참고 / 사 65:17)



*7* 우리에게는 하나님의 자녀만이 아는 영광이 있다. 이 영광은 우리가 피조물과 함께 탄식하며 기다리는 소망을 말한다. 성경에 보면 "그와 함께 영광을 받기 위하여"(17절), "우리에게 나타날 영광과"(18절) 등 영광이라는 단어가 나온다. 그리고 21절에도 나온다. 이 '영광'은 무엇을 가리키는 것인가?(23절, 참고 / 11절)

*8* 고난과 탄식이 가득 찬 세상에서 영광의 소망을 갖고 신앙생활을 하기
위해 우리가 날마다 실천해야 할 지혜가 있다(18절). 다음 글을 읽고 우
리는 어떤지 반성해 보자.

❀ ❀ ❀

바울은 비교의 명수였다. 정확히 비교할 줄 알았다. 그는 세상에서 고난
을 당할 때마다 장차 나타날 영광과 비교하면서 사는 법을 익혔다. 이를
비교했더니 결과가 어떻게 나왔는가? 족히 비교할 수 없다는 사실을 알
았다. 쉽게 말하면 비교가 안 된다는 말이다.

이미 알고 있듯이 바울은 무서운 태장을 여러 번 맞았다. 감옥에서 수년
을 보냈고, 헐벗고 배고프면서 몸에 병까지 안고 씨름하는 생을 살았다.
그러나 자신의 고난을 다 묶어 장래의 영광과 비교해 보았더니 상대가
안 되었다. 바울은 분명히 상대가 안 된다는 사실을 확인하면서 살았다.
고린도후서 4장 17절에서는 지금의 고난은 오히려 가벼운 것이라고 말
한다.

우리도 비교하면서 살아야 한다. 예수님 때문에 핍박당하는 형제자매들
이여, 비교하면서 살아가자! 당신의 가난과 영광을 비교해 봅시다. 날마
다 비교해 보자. 시시때때로 비교해 보자. 그러면 그때마다 "상대가 안
돼. 네가 아무리 힘들어도 그 고난은 앞에 있는 영광에 비해 가벼워"라
고 위로하시는 성령의 음성을 들을 수 있다. 그때마다 우리는 큰 위로와
힘을 얻고 일어설 수 있다.

**9** 고난과 탄식이 가득 찬 세상에서 영광을 바라고 살기 위해서는 또 한 가지 중요한 것이 있다. 그것이 무엇인가?(24-25절, 참고 / 히 10:36-37)

_____

_____

_____

 삶의 열매를 거두며

-------------------------------------------------------------

유대인들이 즐겨 부르던 찬양이 하나 있다. 이 시간 우리 앞에 있는 영광의 나라를 사모하며 함께 불러 보자.

(1) 사막에 샘이 넘쳐흐르리라 사막에 꽃이 피어 향내 내리라
　　주님이 다스리는 그 나라가 되면은 사막이 꽃동산 되리
　　사자들이 어린 양과 뛰놀고 어린이들 함께 뒹구는
　　참 사랑과 기쁨의 그 나라가 이제 속히 오리라

(2) 사막에 숲이 우거지리라 사막에 예쁜 새들 노래하리라
　　주님이 다스리는 그 나라가 되면은 사막이 낙원 되리라
　　독사 굴에 어린이가 손 넣고 장난쳐도 물지 않는
　　참 사랑과 기쁨의 그 나라가 이제 속히 오리라

# 성령과 우리의 연약

### 로마서 8:26-27

 마음의 문을 열며

짧다면 짧은 생이지만 지금까지 살아오면서 크게 깨달은 것이 있다면, 인간은 모두 악하다는 점이다. 그리고 중생한 후 지금까지 신앙생활을 하면서 발견한 것이 하나 있는데, 아무리 믿음이 좋은 사람도 인간으로서 연약함을 벗어나지 못한다는 사실이다. 사람이 몸을 입고 땅 위에서 숨을 쉬고 사는 한 '연약'이라는 십자가를 벗을 수가 없다. 이것은 우리 모두 이미 경험을 통해 공감하는 진리라고 생각한다.

어느 신학자는 인간의 연약함을 가리켜 '인간 조건의 총체', '피조물다움'이라고 표현했다. 이 시간 우리의 연약함을 성령이 어떻게 돕는지를 배우려 한다. 주님의 은혜가 얼마나 고마운지 느껴 보자.

**말씀의 씨를 뿌리며**

------------------------------------------------------

*1* 우리는 하나님의 특별한 총애를 받은 몸이지만 인간적으로 얼마나 연
약한 존재인지 모른다(참고 / 고후 11:29-33). 그런데 하나님은 이렇게
연약한 우리를 천사로 바꾸려 하지 않으신다. 대신에 우리의 연약함을
돕기 원하신다. 이를 위해 돕는 자, 즉 보혜사 성령을 보내셨다. 26절에
서는 이 사실을 어떻게 말씀하는가?

------------------------------------------------------

------------------------------------------------------

------------------------------------------------------

------------------------------------------------------

*2* 성령이 우리를 도우신다는 것이 어떤 의미가 있는지 다음 글을 읽고 무
엇을 배울 수 있는지 정리해 보자.

❀ ❀ ❀

여기서 '돕는다' 는 말에는 '함께 담당한다' 는 의미가 있다. 유명한 설교
자 스펄전은 성령의 도우심을 놓고 재미있는 예를 하나 들었다.
옛날에는 오늘날처럼 엔진이 달린 배가 흔하지 않았다. 엔진이 없는 경
우에는 노를 이용해 배를 움직였다. 어부인 아버지는 아들에게 일찌감치
노 젓는 법을 가르친다. 먼저 아버지는 어린 아들에게 노를 저어 보라고
시킨다. 아들은 아버지의 흉내를 내면서 저어 보지만 자기 키보다 더 큰
노를 주체하지 못하고 쩔쩔 맨다. 노 하나만 다루는 데도 이렇게 힘이 드
는데 센 물살을 가르면서 배를 움직여야 하니 얼마나 힘이 들겠는가! 아
들은 끙끙거리며 땀을 뻘뻘 흘린다. 그때 아버지가 아들 곁으로 와서

"오른발은 여기 디딤 목 위에 얹는 거야. 그리고 왼발은 바닥에 두고 오른손은 가볍게 노 위에 얹기만 하면 돼. 그리고 오른손으로 노를 힘 있게 잡아 보는 거야. 자, 됐니? 그러면 이렇게 저어 볼까"라고 자세히 가르쳐 준다. 아들은 아버지의 말씀을 명심하고 그대로 따라해 보지만 여전히 쉽지가 않다. 얼마나 애를 먹는지 모른다. 보다 못한 아버지가 씩 웃으면서 일어나 아들에게로 가까이 온다. 아버지는 아들의 등 뒤에 자기 몸을 대고 두 팔을 쭉 내밀어 아들의 작은 손 위에 자신의 큰 손을 얹는다. 그리고 노 젓기를 시작한다. 아들은 힘들이지 않고도 신나게 물살을 가른다. 아버지가 노를 젓는 대로 따라 움직이기만 하면 되니까 말이다. 이렇게 해서 아들이 노 젓는 법을 배우게 된다.

성령은 노를 함께 저어 주는 아버지와 같다고 할 수 있다. 성령은 "너는 저기 가서 가만히 앉아 있어. 내가 다해 주마"라는 식으로 말씀하는 분이 아니다. 그분은 우리가 노를 저을 때 도와주시는 분이다. 그런 의미에서 '돕는다'고 하는 것이다.

_3_ 일반적으로 사람들은 자신의 연약함을 놓고 성령의 도우심을 구하기보다는 불평이나 변명을 늘어놓는다. 당신은 어느 쪽인가?(참고 / 고후 12:9-10)

*4* 성령은 특별히 기도를 도우신다고 한다. 우리가 겪는 기도의 연약함이 무엇이라고 생각하는가?(참고 / 마 26:40-41)

_____

_____

_____

*5* 우리가 지닌 여러 가지 연약 중에 성령이 하필이면 기도의 연약을 도우시는 이유가 무엇인가?

_____

_____

_____

*6* 온갖 질병이 감기의 문으로 들어오듯 신앙생활을 하면서 적신호가 오는 이유는 기도의 감기에 걸렸기 때문이다. 성령은 우리의 기도를 어떻게 도우시는가?(26절, 참고 / 약 4:5)

_____

_____

_____

*7* 성령의 탄식을 들어 봤는가? 그 탄식은 성령이 직접 하시는 것인가, 아니면 우리를 탄식하게 하시는 것인가?

_____

_____

_____

*8* 27절의 말씀은 성령의 도우심에 대해 무엇을 가르치는가? 다음 내용을 참고하여 깨달은 바를 이야기해 보자.

✽ ✽ ✽

우리는 광야에서 이스라엘 백성이 했던 것처럼, 소위 손해 보는 기도를 자주 한다. 이스라엘 백성은 하나님이 주시는 만나를 먹으며 광야에서 40년 동안을 살았다. 그들은 처음 만나를 먹을 때는 좋아했지만 세월이 흘러 그것에 싫증나면서 생각이 달라졌다. 고기가 먹고 싶었던지 어른들마저 고기를 달라고 아우성쳤다. 하나님이 거절을 못하고 그들의 요구를 들어주셨다.

그러나 성경을 보면 참 중요한 말씀이 나온다.

"여호와께서는 그들이 요구한 것을 그들에게 주셨을지라도 그들의 영혼을 쇠약하게 하셨도다"(시 106:15). 그들의 소원은 이루어졌지만 그 결과는 좋지 못했다. 고기를 실컷 먹고 육신은 피둥피둥 살쪘는지 모르지만, 대신에 영혼은 형편없이 여위어 갔기 때문이다. 영혼이 영양실조에 걸려 나중에는 하나님의 말씀이 들리지 않았고, 또한 순종할 기력마저 잃고 말았다. 이스라엘 백성이 잘못 구한 결과로 고기는 먹을 수 있었지만 영적으로는 형편없이 손해를 보게 된 것이다.

_____

_____

_____

_____

우리 자신의 기도는 항상 약하다. 평생 성령의 도움을 받아야 하나님이 들으시는 기도를 할 수 있다. 한시도 떠나지 않고 우리의 연약을 짊어지시는 성령 하나님이 계심을 찬양하자. 특별히 우리가 골방으로 들어가면 함께 들어오시고, 우리가 무릎 꿇으면 함께 무릎 꿇으시고, 우리가 입을 열면 함께 입을 여시고, 우리가 탄식하면 함께 탄식하시고, 우리가 기도를 마치고 일어서면 함께 일어서시는 성령이 우리 곁에 계심을 감사하자. 그분이 계시기 때문에 우리가 아무리 연약하여도 낙망하지 않을 수 있다. 그분이 도우시는 한 우리는 기도에 실패하지 않을 것이다. 이 시간 성령의 놀라우신 은혜를 찬양하고 그분의 도우심을 다시 한 번 구하지 않겠는가?

# 모든 것을 합력하여 선을 이루시는 하나님

로마서 8:28-30

 마음의 문을 열며

-------------------------------------------------------------

오늘 본문은 불과 세 구절에 지나지 않은 짧은 말씀이다. 하지만 우리는 이 말씀을 통해 세상을 구원하고자 하시는 하나님의 영광스러운 청사진을 한눈에 바라볼 수 있다. 하나님이 구원 계획을 어떻게 세우셨고, 어떤 단계를 밟으며 완성하고 계시는지를 우리 같은 죄인들이 감히 들여다보도록 허용하신 것이다. 따라서 우리는 경건함과 두려움으로 이 말씀을 보아야 한다. 머리로만 이해하려고 해서는 안 된다. 또 완전히 이해할 수 있을 것이라고 기대하는 것도 금물이다. 이해할 수 없는 부분이 더 많다는 것을 인정하고 이 말씀을 보아야 한다. 시종일관 겸손한 마음으로 이 말씀 앞에 설 때 성령께서 우리의 눈을 열어 주고 진리를 깨닫는 은혜를 주시리라고 믿는다.

*1* 28절에 나오는 '하나님을 사랑하는 자' 라는 표현은 '하나님을 믿는 자'
로 바꾸면 이해하기가 쉽다. 즉 "하나님을 믿는 자, 곧 그의 뜻대로 부르
심을 입은 자들" 이라고 해야 논리에 맞다. 그러나 왜 '믿는 자' 라는 말
대신에 '사랑하는 자' 라는 말을 썼을까?

---

---

---

*2* 우리가 하나님의 부르심을 입기까지 하나님 편에서 하신 일은 무엇인
가? 그리고 부르신 목적은 무엇인가?(29절, 참고 / 엡 1:4)

---

---

---

*3* 당신은 하나님의 부르심을 받은 사람이라고 고백할 수 있는가? 그 사실
을 증명할 수 있는 가장 확실한 증거는 무엇인가?(참고 / 롬 10:10)

---

---

---

---

*4* 하나님은 부르심을 받은 자를 어떻게 하시는가?(30절)

_____

_____

_____

*5* 영화롭게 하심에 대해 다음 구절들을 비교해 보자.
   • 로마서 8:11

_____

_____

   • 로마서 8:23

_____

_____

   • 빌립보서 3:21

_____

_____

*6* 하나님이 우리에게 값없이 주시는 구원은 다섯 단계를 거치며 완성된다. 그 내용을 다시 한 번 정리해 보자. 그런데 헬라어 원문에는 29-30절에 '하나님' 이라는 이름이 여덟 번 나온다. 또한 다섯 개의 동사가 모두 과거 동사, 즉 이미 일어난 사건으로 표현되고 있다. 이렇게 표현한 이유는 무엇이라고 생각하는가?(참고 / 롬 11:29; 엡 1:11; 히 13:8)

_____

_____

_____

*7* 28절의 "모든 것이 합력하여 선을 이루느니라" 는 말씀을 당신은 어떻게 이해하는가? 어떤 사람은 이 말을 '믿는 자에게는 만사형통' 이라는 의미로 받아들이기도 한다. 다음 글을 읽고, 깨달은 것을 말해 보자.

❋ ❋ ❋

'모든 것' 은 우리가 세상을 살면서 겪는 좋은 일, 나쁜 일, 형통, 고난, 복, 불행, 스스로 행한 일, 본의 아니게 당한 일, 사람을 만나고 헤어지는 일, 오고 가는 일, 살고 죽는 일 등을 모두 포함하는 말이다.

그러면 선(善)이란 무엇인가? 여기서 말씀하는 선은 이중적인 의미가 있다. 일차적으로는 영화롭게 하는 것, 즉 완전한 구원을 받는 것이 선이다. 이차적으로는 우리가 영화롭게 되는 자리까지 이르도록 도움이 되고 영향을 받은 모든 사건과 경험의 결과를 선이라고 한다. 하나님은 우리 삶의 온갖 경험을 통틀어 결국 우리가 구원받는 사람이 되도록 작업하신다.

아무리 만족스럽고 좋아 보이는 것이라도 하나님이 우리를 영화롭게 하시는 데 방해가 된다면 그것은 선이 아니다. 그 반대로 우리가 싫어하고 만족스럽지 못한 일이라도 하나님이 우리를 영화롭게 하시는 데 유익한 것이면 선이 된다. 예를 들어 병을 앓는 것으로 예수님을 잘되게 했다면 그 병은 물론이고 병을 앓게 되어 생긴 모든 결과를 선이라고 할 수 있다. 성경이 말하는 선은 전적으로 구원에 초점이 맞춰져 있음을 잊지 말아야 한다.

---
---
---
---

*8* 당신이 영화롭게 되는 자리까지 갈 수 있도록 지금도 하나님이 의도적으로 합력하여 선을 이루게 하시는 것이 있다면 무엇이라고 생각하는가? 다음 글을 참고해 보자.

❊ ❊ ❊

모든 것을 합력하여 선을 이루게 하시는 하나님의 손길을 체험할 수 있는 길이 또 하나 있다. 그것은 의롭다 함을 받은 우리가 영화롭게 되는 날까지 이 세상을 살면서 겪는 다양한 인생 경험을 통해 알게 되는 길이다. 하나님은 세밀하게 하지만 분명한 목표를 두고 우리를 다루신다. 한눈팔지 못하도록 모든 것을 이용해 다루신다. 심지어 우리가 짓는 죄까지도 하나님이 합력하여 선을 이루신다는 사실을 알고 있는가? 물론 죄를 지어서는 안 된다. 그러나 어쩔 수 없이 죄를 짓게 되는 때가 있다. 처음 짓는 죄가 마음에 걸리지, 두 번 세 번 계속 범하면 죄의식이 점점 희박해진다. 하나님이 그대로 내버려 두신다면 아마 끝장날지도 모른다. 그러나 하나님은 가만히 두시지 않는다. 징계를 하시는가 하면 상처를 싸매 주기도 하신다. 그래서 우리가 범한 그 죄를 돌려서 영화롭게 되는 자리에 이르는 데 유익하도록 하신다.

한번 죄를 범하고 나면 그것 때문에 얼마나 오랜 시간 고통 속에서 눈물을 흘리는가? 고통스러워하며 눈물을 흘리는 그 자체가 하나님이 뒤에서 선을 이루게 하시는 작업인 것이다. 하나님이 죄지은 나를 때리다가도 안아 주시는 영적 체험을 한 사람은 이전보다 하나님을 더 뜨겁게 사랑하게 된다. 왜 그럴까? 하나님이 쓰라린 경험을 선으로 바꾸셨기 때문이다. 하나님은 악까지도 통제하고 사용하셔서 우리를 영화롭게 하는 자리까지 인도하신다는 것을 여기서 배우게 된다. 하나님은 우리가 그리스도와 함께 누릴 영광을 얻기까지 이처럼 의미 있게 우리의 모든 것을 다루고 계시다. 좋은 일을 통해서는 우리를 기쁘게 하고 그 영혼을 만족하게 하신다. 나쁜 일을 통해서는 우리의 믿음을 연단하고 하나님이 준비

한 구원만을 소망하게 하신다. 그러므로 "하나님을 사랑하는 자 곧 그의 뜻대로 부르심을 입은 자들"에게는 어느 것 하나 손해되는 일이 없다.

_____

_____

_____

_____

 **삶의 열매를 거두며**
- - - - - - - - - - - - - - - - - - - - - - - - - - - - - - - - - - - - - - - - - - - -

하나님은 우리를 부르시기 위해, 또한 영화롭게 하시기 위해 우리가 원하든 원하지 않든 지금까지의 삶 속에서 모든 것이 합력하여 선을 이루게 하신다. 당신은 한생을 살면서 경험한 모든 것이 하나님이 협력하여 선을 이루게 하신 손길이라고 믿는가? 생각나는 대로 기록한 후 함께 나누어 보자.

# 끊을 수 없는 하나님의 사랑

로마서 8:31-39

 마음의 문을 열며

---

바울은 앞서 30절의 "영화롭게 하셨느니라"는 말로 복음의 대미를 장식한 다음, 가슴에 끓어오르는 감격과 기쁨을 주체할 수 없어 펜 가는 대로 털어놓고 있다. 이 시간 우리가 함께 읽은 본문 말씀은 바울의 고백이자, 찬가라고 할 수 있다. 그가 무슨 말로 시작하는지 보자. "그런즉 이 일에 대하여 우리가 무슨 말 하리요." 이 말은 극도로 기쁜 심정을 표현한 것이다. 즉 "이렇게 좋은 구원을 주신 하나님에 대해 더 이상 무슨 할 말이 있겠느냐"는 뜻이다.

누구든지 감당하기 어려운 벅찬 일을 당하면 말문이 막히는 법이다. 바울은 지금 이런 심정으로 이야기하는 것이다. 이런 의미에서 볼 때 우리가 읽은 본문 말씀은 구원의 송가라고 부를 만하다. 또한 복음의 마지막 악장을 매듭짓는 대합창이라고 할 수 있다. 우리 역시 합창 대원이 되어 구원을 주신 하나님의 사랑을 소리 높여 찬양해야 한다.

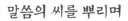 

*1* 31-39절 가운데 나오는 여섯 가지 질문을 적어 보자. 각각의 질문마다 당신은 어떻게 답하겠는가?

_____

_____

_____

*2* 본문의 성격은 구원의 찬가이지만 그 주제는 구원의 확신이다. 구원의 확신에 대해 종종 오해하는 사람이 있다. 다음 글을 읽고 당신의 생각을 나누어 보자.

❀ ❀ ❀

몇 년 전에 남자 제자반을 인도할 때였다. 여덟 사람이 함께 제자훈련을 받았는데 다들 믿은 지 오래되지 않았고, 그래서 그런지 믿음이 잘 닦이지 않은 상태였다. 그날 성경공부를 하면서 구원의 확신에 관해 이야기를 주고받았다. 공부가 거의 끝날 때쯤 "하나님께서 형제를 구원해 주신 것을 믿습니까? 그러면 구원받은 확신이 있습니까?"라고 질문했다. 모두가 확신한다고 대답하는데 유독 한 형제만이 약간 격한 말투로 이렇게 말하는 것이었다. "저는 구원의 확신이 있다고 대답하지 못하겠어요. 우리는 모두 구원의 확신이 있다는 말을 함부로 하기 전에 세상에 나가 바로 살아야 하지 않겠습니까? 예수 믿는 사람답게 살지도 못하는 주제에 구원의 확신이 있다고 떠드는 것을 보면 비위가 상해서 견디기 어렵습니다. 저는 아직도 자신이 없습니다. 그리고 구원의 확신을 손쉽게 말하는 것은 문제가 있다고 생각합니다." 그 일이 있고 나서 그 형제는 제자훈련에 계속 불참했다.

당신은 어떻게 생각하는가? 인간적인 측면에서 볼 때 그 형제의 말도 일리가 있다. 언행에 흠잡을 곳이 없는 사람은 자기 입으로 떠들지 않아도 "저 사람 정말 구원받았구나"라고 칭찬받는다. 그런데 "저 사람이 저러고도 예수 믿는 사람이냐"라는 소리가 저절로 나올 정도로 살면서 "나는 구원의 확신이 있어"라고 떠든다면 어떻게 인정받을 수 있겠는가? 이런 의미로만 본다면 그 형제의 말이 맞다.

그러나 하나님 말씀을 놓고 보면 그의 주장이 잘못되었다는 것을 알 수 있다. 구원의 확신을 가지는 근거는 우리 자신이 아니라 하나님이시기 때문이다.

_____

_____

_____

_____

*3* 마귀가 구원의 확신을 흔들기 위해 사용하는 도구 가운데 가장 많이 사용하는 것은 무엇인가?(33절)

_____

_____

_____

*4* 죄책감을 잠재울 수 있는 비결은 무엇이라고 생각하는가?(34절)

_____

_____

_____

*5* 구원의 확신을 흔들기 위해 마귀가 이용하는 것이 또 하나 있다. 그것은 무엇인가?(35절)

_____

_____

_____

*6* 우리를 향한 하나님의 사랑은 요지부동이다. 왜 그런가?(32절, 참고 / 고후 5:21; 갈 3:13; 렘 31:3)

_____

_____

_____

*7* 만약 하나님의 사랑을 의심해 본 적이 있다면, 어떤 경우인가? 그리고 어떻게 그 의심을 쫓아 버릴 수 있었는가?

_____

_____

_____

*8* 세 번째로 구원의 확신을 흔드는 또 하나의 적은 생명을 위협하는 무서운 시험이다. 믿음이 좋은 사람이라도 무서운 시험이 닥치면 평안할 때 가졌던 확신이 흔들릴 수 있다. 어떤 시험들인가?(35-36절)

_____

_____

_____

**9** 하나님의 자녀는 이 무서운 시험들을 이기고 믿음도 흔들리지 않는다. 어떻게 이길 수 있는가? 37절을 쉬운 말로 다시 쓰면서 대답해 보자.

_____

_____

_____


**10** 예수님의 사랑은 얼마나 강한가?(38-39절)

_____

_____

_____

 삶의 열매를 거두며

------------------------------------------------

다음의 이야기를 읽고 자신의 믿음을 돌아보라. 예수님의 사랑 때문에 우리도 이만큼 강할 수 있는지 조용히 자문해 보라.

❀ ❀ ❀

우리 중에 안이숙 사모님을 모르는 분은 별로 없으리라고 생각한다. 그는 일제 치하에서 6년 동안 감옥살이를 했다. 하나님만 섬겨야 하는 그리스도인으로서 일본의 왕을 신으로 앉힌 신사에 절할 수 없다고 생각한 그녀는 믿음의 절개를 지키기 위해 처녀의 몸으로 감옥에 끌려가 모진 고문을 당하다가 해방과 함께 출옥했다. 그녀는 자신의 책 서문에서 참

충격적이고 감동적인 말을 했다. "나는 자격 부족으로 실격된 순교자다. 진실로 나는 내 주님 예수를 위해 죽기를 결심하고 나섰던 것이다. 그런데 나는 내 뜻을 이루지 못하고 기회를 잃었을 때 섭섭해서 몹시 울었다." 6년간의 지긋지긋한 감옥 생활에서 풀려 나오면서 다른 사람 같으면 "할렐루야! 감사합니다"라고 기뻐했을 텐데 오히려 주기철 목사님처럼 순교하지 못한 것이 원통해 하면서 몹시 울었다고 한다. 무엇이 그녀를 그렇게 강하게 만들었을까? 여기에 그의 설명이 나온다. "양순한 양떼 같은 성도들이 도살하는 자들 앞에서 그 모진 매와 고문에도 '아이고' 소리 한마디 안 하고 견디는 그 진절머리 나는 참상을 볼 때 나는 왜 그랬는지 몰라도 급한 말로 '주여, 천사를 속히 보내셔서 속히 속히 이 모든 사실을 사진 찍으세요. 속히 속히 주여 속히' 하면서 발을 구르며 부르짖었다. 나는 예수님이 어떠하신 모습으로 순교자들을 사랑하셨으며, 만삭도 못 된 나를 역시 그 어떠하신 모습으로 사랑하셨던가를 다 기록할 수는 없다."

# 나만 구원받아 행복할까?

로마서 9:1-5

 마음의 문을 열며

-------------------------------------------------------

"피는 물보다 진하다", "팔은 안으로 굽는다" 라는 우리나라 속담이 있다. 개인적으로 한국인의 정서에 잘 맞는 속담이라고 생각한다. 이웃 사람보다는 자기 가족에게, 타국인보다는 자기 동족에게 더 큰 애정을 보이는 점을 적절하게 표현한 속담이라고 생각한다. 그런데 로마서 9장부터 11장까지를 읽다 보면 사도 바울 역시 피는 물보다 진하다는 상식을 뛰어넘지 못하는 사람이라는 것을 금방 알 수 있다.

바울은 이방 사람에게 복음을 전해야 할 특별한 소명을 받은 사도였다. 그래서 그는 이방인에게 복음을 전파하기 위해 열심히 수고했다. 하지만 항상 그의 가슴속에 떠나지 않는 사람들이 있었다. 바로 자기 동족인 이스라엘 백성이었다. 이 시간 우리는 바울의 고뇌 어린 고백을 앞에 놓고 우리 자신을 반성해야겠다. 이 거룩한 양심의 고통을 갖고 있는지 스스로에게 물어보아야겠다.

------------------------------------------------

*1* 바울은 불편한 자신의 심정을 어떻게 털어놓았는가?(1절)

_____

_____

_____

*2* 여기에 나오는 근심과 고통이 어떻게 다르냐고 따질 필요는 없다. 두 가지가 비슷하다. 자신의 가슴속에 응어리져 있는 고통이 얼마나 대단했는지를 강조하려고 이런 이중적인 표현을 하지 않았나 생각한다. 자기 동족이 끝까지 회개하지 않으면 어떻게 될까 하는 걱정 때문에 크게 근심했고, 이런 근심이 쌓이다 보니 나중에는 큰 고통이 되었던 것이다. 그런데 바울이 그토록 괴로워한 데는 그만한 이유가 있었다. 이스라엘이 그동안 누린 특권을 생각하면 구원받지 못한다는 것은 너무 억울한 일이었기 때문이다. 그것은 어떤 특권인가?(4-5절)

_____

_____

_____

*3* 먼저 양자 됨에 대해 신명기 14장 2절의 말씀을 갖고 살펴보자. 그리고 그들이 양자 될 자격이 있었는지 신명기 7장 6-8절을 보면서 검토해 보자.

_____

_____

_____

71

*4* 이스라엘이 누린 나머지 특권들에 대해 다음의 성경구절을 가지고 살펴보자.

• 영광: 신명기 5:23-26(참고 / 신 4:36)

• 언약: 창세기 17:6-10

• 율법: 신명기 4:14

• 예배: 역대하 6:20-21

• 메시야의 조상: 마태복음 1:1


*5* 여러 가지 여건으로 보아 남보다 먼저 구원받을 수 있는 자들이 오히려 믿기를 거부하여 스스로 불행을 자초하는 사례는 이스라엘에게만 있는 것이 아니다. 우리 주변에도 그런 경우가 많다. 예를 하나 들어 보자.


*6* 바울이 자기 동족의 구원을 놓고 괴로워하는 심정을 가장 잘 나타내는 말은 무엇인가? 그리고 그 의미를 생각해 보자(3절, 참고 / 수 6:21).

*7* 우리가 바울한테서 배워야 할 교훈이 있다. 그것은 나 혼자 구원받아서
는 행복할 수 없다는 것이다. 구원의 기쁨은 반드시 고통을 수반한다.
구원받아서 기뻐하는 사람이 다른 형제의 구원에 대해서는 무관심하다
면 정상이 아니다. 자신이 구원받았다는 사실에 기뻐하면 할수록 믿지
않는 이웃과 동족을 생각하는 끊임없는 고통이 수반되어야 한다. 당신
에게 이런 기쁨과 고통이라는 양면이 있는가?

---

---

*8* 다음 글을 읽고 느낀 바를 나누어 보자.

❀ ❀ ❀

지난 고난주간에 믿음 좋은 자매한테서 믿는 자에게는 기쁨과 고통이 공
존할 수 있다는 사실을 다시 한 번 확인했다. 그 자매는 매년 고난주간이
되면 한 주 동안 금식한다. 금식한 지 5일째 되는 날에 만났는데 얼굴은
초췌해 보였지만 영적으로는 매우 맑아 보였다. 그런데 그 자매한테서
참으로 아름다운 간증을 들었다.
"목사님, 오늘 아침 잠에서 깨어났는데 갑자기 뭉클한 감정이 솟구쳐 올
라왔어요. 성령께서 주신 것인가 봐요. 주님이 저를 사랑해 주시는 것을
생각하면 눈물이 쏟아져요. 그런데 목사님, 이렇게 좋은 예수님을 모르
고 죽어가는 사람이 너무 많다고 생각하니 또 눈물이 나와요."
그 자매는 이야기를 하면서 또 우는 것이었다. 내가 구원받은 것이 너무
감격스러워서 울고, 아직도 구원받지 못한 사람들을 생각할 때 너무 불
쌍해서 우는 이것이 바울의 심정이다. 이것이 바울의 고통이다.

---

---

**9** 바울한테서 배워야 할 교훈이 하나 있다. 가까운 내 형제, 내 동족부터 먼저 전도해야 한다는 것이다. 이것이 전도의 기본 원리요, 세계복음화의 기본 전략이다(행 1:8). 그런데 우리는 종종 바다 건너 사는, 한 번도 만나 본 적이 없는 어느 부족의 구원 문제는 걱정하고 기도하면서 가까이 있는 형제들의 구원에 관해서는 무관심하거나 소극적인 태도를 취하지 않는가?

_____

_____

_____

 삶의 열매를 거두며
- - - - - - - - - - - - - - - - - - - - - - - - - - - - - - - - - - - - - - -

다음 이야기를 읽고 느낀 바를 나눠 보자. 그리고 자신의 예루살렘은 어디이고, 누구인지 적은 다음, 그들을 구원하기 위해 어떻게 해야 하는지를 확정하고 실천에 옮겨 보자.

❁ ❁ ❁

26년 전에 초등학교 학생들을 모아서 과외를 한 일이 있다. 그때 과외 공부를 받던 한 여학생이 있었다. 최근에 그 여학생이 남편과 함께 저를 만나러 왔다. 26년 만에 만났으니 세월이 많이 흘렀다. 그녀는 예전에 예수 믿는 사람이 아니었다. 그런데 이번에 만나 보니 부부가 얼마나 신앙생활을 잘하는지 감탄했다. 그들이 예수님을 믿게 된 경위는 이러했다.

74

화가인 남편은 온종일 집안에서 그림을 그렸다. 그러다가 주말이 되면 훌훌 털고 밖으로 나가 기분풀이로 술을 실컷 마시고 만취 상태로 집에 돌아오는 일이 허다했다. 그러한 생활을 계속하다 보니 근육무력증이라는 증세가 나타나기 시작했다. 온몸을 제대로 움직이지 못하는 심각한 상황에 빠지게 되었다. 그는 너무 다급한 나머지 아무도 권유하지 않았는데도 집 근처에 있는 조그마한 개척 교회에 나갔다고 한다. 새벽기도 시간에도 나가 하나님께 매달렸다. 그의 걸음으로 왕복 한 시간이 걸리는 거리인데도 빠지지 않고 교회를 찾아갔다.

그런 과정에서 그가 중생을 했다. 예수님을 만난 것이다. 반 년이 지나자 병도 서서히 사라지기 시작했다. 그때 그가 사도행전을 읽으면서 깨달은 것이 있었다. "오직 성령이 너희에게 임하시면 너희가 권능을 받고 예루살렘과 온 유대와 사마리아와 땅 끝까지 이르러 내 증인이 되리라"(행 1:8). 그는 예수의 증인이 되리라고 결심했다. 그는 어디서부터 전할 것인가 고심했다. 그리고 주님이 말씀하신 '예루살렘'이 자기 마음에 자리 잡고 있는 가족이라는 것을 깨달았다. 그래서 가족부터 전도하기 시작했다. 하나님이 얼마나 크게 역사하셨는지 부인을 위시해서 자녀들은 물론이고 양가 부모와 형제들이 다 예수님을 믿고 하나님께 돌아왔다고 한다.

진실로 우리의 '예루살렘'은 어디인가? 내 가정, 내 이웃, 내 직장에서 매일 만나는 사람들이다.

# 야곱은 사랑하고 에서는 미워하고

로마서 9:6-33

 마음의 문을 열며

우리가 읽은 본문의 핵심이 무엇인지를 먼저 알아야 한다. 한마디로 하나님이 사람들을 사랑하기도 하고, 미워하기도 하셨다는 것이다. 사랑한 자는 구원을 얻도록 선택하셨지만, 미워한 자는 구원을 얻지 못하도록 버리셨다는 것이다. 하나님은 무슨 기준과 근거로 그렇게 하셨을까? 아무 근거도 없다고 말씀하신다. 단지 하나님이 그렇게 하고 싶어서 하셨다는 것이다. 이것이 9장 전체를 통해 나타난 말씀의 요지다. 어쩌면 납득하기가 대단히 어려운 이야기라고 말할 수 있다. 그리고 기분이 썩 좋지 않다. 뭔가 따지고 싶은 생각이 울컥 치밀어 오르는 것을 느낀다.

오늘 본문은 이처럼 우리에게 독특한 반응을 불러일으킨다. 따라서 우리 자신이 은혜를 아는 사람인가, 모르는 사람인가를 판단하는 데 매우 적절한 말씀이 될 수 있다.

--------------------------------------------------

*1* 복음을 거부하는 자기 동족을 보면서 고통받던 바울은 이스라엘 가운데 어떤 자들이 복음을 거부하는지 그 이유를 설명한다. 그 이유는 무엇인가?(6-8절)

--------------------------------------------------

--------------------------------------------------

*2* 다음 글을 읽고 그 내용을 요약해 보자(27절, 참고 / 마 22:14).

❀ ❀ ❀

여기서 중요한 진리 하나를 깨닫게 된다. 하나님이 아브라함을 통해 이스라엘을 민족 단위로 선택하신 것은 개개인의 영혼을 구원하기 위한 것이 아니었다는 사실이다. 오히려 그들에게 어떤 임무를 맡기기 위해 따로 세우셨다고 보는 것이 타당할 것 같다. 다시 말하면 사명적 선택과 구원적 선택이 일치하지 않았다는 말이다.

그러면 이스라엘 민족에게 맡기신 사명은 무엇인가? 바로 그들의 혈통을 통해서 예수님이 세상에 오시도록 하는 것이었다. 예수 그리스도가 구원자로 오시는 그 중차대한 사명을 감당하기 위해 이스라엘은 민족 단위로 택함을 받았던 것이다.

그러나 이 선택이 이스라엘 혈통을 가진 모든 사람의 영혼 구원을 보장하는 것은 아니었다. 사울 왕만 보아도 잘 알 수 있지 않는가? 사울 왕은 이스라엘 왕으로 선택받은 사람이었다. 그러나 그의 영혼은 버림을 받았다. 사명을 위해서는 선택을 받았지만, 그의 영혼은 구원받지 못했다. 아브라함의 자손으로 태어난 사람이라도 그 영혼이 구원받기 위해서는 개인적으로 하나님의 사랑을 입는 은혜가 따라야 했다.

_____

_____

_____


*3* 하나님이 이스라엘 백성 가운데 택함 받은 자들과 버림받은 자들을 나누시는 기준은 무엇인가?(11절)

_____

_____

_____


*4* 일방적으로 누구를 택하기도 하고 버리기도 하시는 하나님의 행동에 대해 불의하다거나 불공평하다고 비난할 수 없는 이유가 무엇인가?(14-18절)

_____

_____

_____


*5* '긍휼히 여기다', '완악하게 하다' 라는 말의 의미는 무엇인가?(참고 / 시 103:3; 겔 16:8; 롬 1:26)

_____

_____

_____

*6* 당신은 하나님의 긍휼을 특별히 깨닫고 체험한 일이 있는가? 한 가지만 이야기해 보자.

_____

_____

_____


*7* 논쟁하기를 좋아하는 자들은 하나님의 선택을 가지고 구원받지 못하는 모든 책임을 하나님이 져야 한다고 주장한다. 여기에 대해 본문은 무엇 이라고 대답하는가?(19-23절)

_____

_____

_____


*8* 귀한 그릇과 천한 그릇을 자기 마음대로 만드시는 하나님의 절대 주권 때문에 가장 큰 유익을 얻은 사람은 이방인인 우리다. 왜 그럴까(24-26 절)?

_____

_____

_____


*9* 다음 글을 읽고 선택 교리를 바라보는 우리의 자세에 대해 정리해 보자.

❋ ❋ ❋

사실 이 선택 교리는 불가사의한 진리다. 솔직히 말해서 선택 교리든지 불가항력적인 은혜의 교리든지 제한 속죄의 교리는 전부 우리 인간의 지 각을 뛰어넘는 하나님의 지혜다. 칼뱅은 이 교리가 지닌 불가사의한 성격 때문에 두 가지 위험을 경고했다.

첫 번째 위험은 호기심을 충족하려는 것이다. 이 선택 교리를 탐구할 때 우리는 하나님의 지혜의 성역 안으로 들어가는 것이다. 하나님만이 온전하게 알고 계시는 지혜의 세계로 발을 들여놓는 것이다. 그런데 한번 따져 보고 이해가 되면 믿겠다는 호기심으로 들어가면 어떻게 되겠는가? 미로에 빠져 헤어나지 못하고 나중에는 스스로 망하는 자가 된다. 오늘날 지식인들 가운데 그런 사람이 얼마나 많은가! 특히 신학자들 중에 그런 사람이 많은 것 같다.

가장 건전한 태도는 무엇인가? 말씀을 통해 가르쳐 주신 만큼만 배우고 만족하는 것이다. 하나님이 말씀하시지 않은 것에 대해서는 관심을 기울일 필요가 없다. 호기심을 보일 필요도 없다. 더 알려고 담을 뛰어넘어서는 안 된다. 우리에게는 이런 태도가 중요하다. 하나님이 침묵하시면 우리도 침묵해야 한다. 하나님이 말씀하시지 않은 것까지 알고 싶어 호기심으로 자꾸 기웃거리는 것은 이단들이나 하는 짓이다. 하나님 말씀을 바로 배우는 사람은 그렇게 하지 않는다. 우리가 잘 모르는 것이 대부분인 진리일수록 칼뱅의 충고에 따르는 것이 현명하다. "이 선택 교리에 대해서 모르는 점이 있다는 것을 부끄러워하지 말아야 한다. 그러나 이것은 일종의 유식한 무식인 것이다."

조나단 에드워즈는 "하나님은 우리에게 이성에 상반되는 굴복을 요구하시는 것이 아니다. 굴복할 수 있는 이유와 근거를 깨닫게 하심으로써 굴복케 하신다"라고 말했다. 옳은 말이다.

이 선택 교리에 따르는 두 번째 위험은 침묵하는 것이다. "이것은 잘 모르는 거야. 도무지 논리가 통하지 않아. 그러니까 가급적 피하는 것이 좋아"라고 마치 선장이 암초를 피하듯 피해 가는 것을 상책으로 여기는 태도는 옳지 않다. 우리는 진리를 논할 때 하나님이 성경에서 가르쳐 주신 것이면 이해가 되든 안 되든 그대로 배워야 하고 또 말해야 한다. 이해가 안 된다고 해서 무시하거나 피하려고 하면 짐승과 같은 무지로 만족하는 사람이 되기 쉽다. 비밀로 두신 것은 탐색하지 말아야 하고 하나님이 공

개하신 것은 버리지 말아야 한다. 과도한 호기심은 피해야 하지만 은혜
에 너무 무식하다는 비난은 듣지 않도록 해야 한다.

 삶의 열매를 거두며
- - - - - - - - - - - - - - - - - - - - - - - - - - - - - - - - - - - - - - - - - -

선택 교리만큼 우리 가슴을 열어 은혜가 무엇인지 깨닫게 하는 진리도 많지
않다. 만일 우리의 구원이 일방적으로 택하여 부르시는 하나님의 불가항력
적인 은혜로 된 것이 아니라면 어떤 일이 일어날 수 있는지 생각해 보라. 그
리고 이 시간을 통해 왜 선택 교리가 은혜가 되는지 깨달은 것이 있다면 나
누길 바란다.

*Lesson 31*

# 잘못된 열심

로마서 10:1-13

 ## 마음의 문을 열며

우리가 이미 배웠듯이 바울은 9장에서 동족의 구원을 놓고 밤낮없이 큰 고통을 당하고 있음을 고백했다. 또한 이스라엘 백성이라고 해서 다 구원받는 것이 아니고 오직 하나님이 선택하신 자만 구원받을 수 있다는 중요한 교리를 밝혔다. 그리고 10장에 들어와서는 자기 동족 이스라엘이 아직도 회개하지 않고 돌아오지 않는 근본 이유를 또 하나 정리한다. 이 시간 우리는 구원을 얻기 위해 반드시 필요한 믿음의 본질을 다시 한 번 확인할 수 있다.

**말씀의 씨를 뿌리며**

------------------------------------------------------------

*1* 바울에게 자기 동족은 원수나 다름없다. 그 이유는 무엇인가? 그리고
그럼에도 그들이 구원받기를 간절히 원하는 그에게서 어떤 점을 배울
수 있는지 이야기해 보자(참고 / 고후 11:24-25; 요일 4:12).

------------------------------------------------------------

------------------------------------------------------------

------------------------------------------------------------

*2* 바울을 핍박하고 복음을 배척한 유대인들의 명분은 무엇인가? 그리고
그들의 열심이 잘못된 이유는 어디에 있는가?(2절, 참고 / 요 16:2; 갈
1:13-14)

------------------------------------------------------------

------------------------------------------------------------

------------------------------------------------------------

*3* 다음 글을 읽고 자기 의를 드러내려던 유대인의 열심이 얼마나 잘못된
것인지를 정리해 보자.

❀ ❀ ❀

이스라엘 백성은 70-80년간의 바벨론 포로 생활을 마치고 고국으로 돌
아온 다음부터 이상하게도 더 병적으로 율법에 열심을 내는 민족으로 바
뀌었다. 그러면서 점차 잘못된 길로 빠져들기 시작했다. "어떻게 하든 이
율법을 완전히 지켜야 한다. 그리고 노력만 하면 반드시 지킬 수 있다"
라며 자신감을 부추기는 쪽으로 점점 기울기 시작했다. 이렇게 율법을

완전히 지킬 수 있다는 교만 때문에 그들이 만들어 낸 것이 한 가지 있었다. 주님이 지적하신 '장로의 유전'이라는 것이다. 그것은 일종의 율법 해설집이라고 할 수 있다. 하나님이 주신 율법에 이런저런 사람의 생각과 해석을 보탠 책이다.

그런데 그 책은 날이 갈수록 페이지 수가 늘어났다. 이렇게 사람의 생각을 덧붙이다 보니 나중에는 어디에 무엇이 있는지 찾기 어려울 만큼 복잡한 경전이 되었다. '토라'는 결국 하나님이 말씀하신 율법보다도 사람들의 의견이 대부분을 차지하는 이상한 책이 되어 버렸다. 예수님은 이 사실을 날카롭게 비판하셨다. "화 있을진저 외식하는 서기관들과 바리새인들이여 너희가 박하와 회향과 근채의 십일조는 드리되 율법의 더 중한 바 정의와 긍휼과 믿음은 버렸도다"(마 23:23). 그들은 하나님이 율법 속에 담아 놓으신 믿음과 정의와 자비의 정신은 송두리째 내버리고 중요하지도 않은 형식적인 법조문만 잔뜩 실어 놓았다. 하루살이는 걸러 내고 약대는 삼키는 모순투성이의 악법이 되고 말았다. 그것은 사람의 법이지 하나님의 법이 아니었다.

---

*4* 올바른 지식을 따르지 않는 열심이란 어떤 것인가?(3-4절)

---

*5* 예수님이 "율법의 마침이 되시니라"는 의미를 다음 글을 참고하여 설명해 보자.

❀ ❀ ❀

"율법의 마침이 되시니라"는 말은 성경 전체 중 여기에만 나온다. 다른 부분에서는 '율법의 완성'이라는 말을 한다. 주님은 우리가 지키지 못하는 율법을 대신 지키기 위해 이 세상에 오셨고, 이를 지키지 못해 받아야 할 율법의 형벌을 대신 다 받으셨다. 예수님은 율법의 요구를 충족시키신 분이요, 율법을 완성하신 분이다. 그 결과 우리는 하나님의 공의를 만족시키기 위해 율법을 지켜야 하는 무거운 짐은 벗게 되었다. 율법 아래서 떨어야 할 필요도 없어졌다. 지금은 누구든지 예수를 믿기만 하면 의롭게 되는 은혜의 시대다.

그러므로 예수님이야말로 하나님의 의다. 우리를 의롭게 하기 위해서 하나님이 보여 주신 의다. 여기서 하나님의 의란 하나님이 인정하고 받아 주시는 의다. 그것은 우리의 의가 아니고 예수 그리스도의 의다. 열심히 지켜서 얻는 의가 아니라 믿어서 얻는 의다.

_____

_____

_____

6 혹시 당신에게도 잘못된 열심이 있는가? 내용은 조금씩 다를지 모르지만, 우리에게도 자기를 나타내기 위해 혹은 바로 알지 못해 나타나는 열심이 있을 수 있다. 교회 안에서도 열심 없는 사람보다 극성스럽게 열심을 내는 사람들 때문에 더 많은 어려움이 생기는 사례를 자주 본다. 이 점에 대해 어떻게 생각하는가?

_____

_____

_____

*7* 6-8절의 말씀을 다시 보자. 이는 대단히 어려운 구절이다. 신명기 30장 12-14절을 살펴보면서 그 의미를 다시 정리해 보자.

_____

_____

_____

*8* 구원을 얻기 위해 필요한 것은 믿음뿐이다. 그리고 그것은 네 가지 조건을 가진 믿음이다. 그 네 가지는 무엇인가?(9-10절)

_____

_____

_____

*9* 구원을 얻게 하는 믿음은 차별이 있는가?(11-15절)

_____

_____

_____

 삶의 열매를 거두며
----------------------------------------------------------------

이 시간을 마치면서 우리는 다시 한 번 정리할 필요가 있다. 다음 질문에 대해 스스로 답해 보자.

1) 나의 열심은 건전한 것인가?

"내게는 오직 한 가지 정열이 있다. 그 정열은 주님, 오직 주님 한 분뿐이다"

(진젠도르프).

2) 나의 믿음은 바른 것인가?

3) 잘못된 열심 때문에 멸망의 길을 달리는 자들을 위해 우리도 바울처럼 고통스러워하는가?

## *Lesson* 32

# 전파하는 자가 없이 어찌 믿으리요

로마서 10:14-21

 마음의 문을 열며

사도 바울은 "그를 부르는 모든 사람에게 예수는 부요하시도다"(12절)라고 했다. 예수 그리스도를 통해 우리가 누리는 복은 우주 공간을 다 채워도 끝이 없을 만큼 부요하다. 믿는 자는 누구든지 다 구원받을 수 있으니 그 은혜가 얼마나 부요한가? 예수님을 주님으로 인정하는 모든 사람에게 선물로 주시는 의는 영원토록 다함이 없으니 얼마나 부요한가? 우리 주님이 주시는 영생은 죽음의 그림자를 완전히 쫓아 버리는 영원한 생명이니 얼마나 부요한가? 저 하늘나라의 영광은 이 세상 어느 것과도 비교가 안 되는 행복이니 얼마나 부요한가?

그러나 우리 주변에는 이 부요함을 알지 못해 방황하는 자들이 너무 많다. 어찌 그들을 방관만 하고 있겠는가? 그들을 방관하면 안 되는 중요한 이유가 무엇인지 이 시간 배우도록 하자.

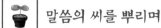

말씀의 씨를 뿌리며

---

*1* 예수의 복음 안에 우리를 부요하게 하는 축복이 아무리 가득하다 할지라도 그분의 이름을 듣지 못하는 자는 누릴 수 없다. "부뚜막의 소금도 집어넣어야 짜다"는 속담처럼 들어야 믿을 수 있다. 이 점에 대해 14절과 17절에서는 무엇이라고 말씀하는가?

---

---

*2* 이스라엘 백성들은 못 들어서 믿지 못했다는 변명을 할 수 없었다. 왜 그럴까?(16-18절, 참고 / 마 10:6;행 1:8, 24:5)

---

---

*3* 이스라엘 사람들이 들고 나올 수 있는 변명이 또 하나 있다. 복음을 듣기는 들었지만 무슨 소리인지 몰라서 안 믿었다는 것이다. 그러나 이것 역시 억지소리에 지나지 않는다. 왜냐하면 유대 민족만큼 말씀을 잘 깨달을 수 있는 은혜를 받은 백성이 없었기 때문이다. 그들은 율법을 가졌다. 하나님을 알았다. 또 그들에게는 많은 선지자가 존재했다. 위대한 믿음의 조상도 있었다. 게다가 그들은 하나님을 섬기는 종교적 분위기에서 자랐다. 그런 사람들에게 말씀을 깨닫지 못해서 못 믿었다는 변명은 통하지 않는다. 이 사실을 19-20절에서는 어떻게 지적하는가?

---

---

*4* 그럼에도 하나님은 이스라엘 백성을 향하여 어떻게 하고 계신가?(21절)

_____

_____

_____


*5* 우리 주변을 한번 둘러보자. '못 들어서 못 믿었다' , '몰라서 못 믿었다' 고 변명할 사람이 얼마나 많은지 모른다. 그런 사람이 많을수록 먼저 믿은 우리가 받을 심판이 무겁다. 왜 그런가?(참고 / 겔 3:17-19)

_____

_____

_____


*6* 하나님은 듣지 못해 믿을 수 없는 자들을 위해 지금도 복음의 증인들을 보내고 계신다. 그들이 누구인가?

• 요한복음 20:21

_____

• 사도행전 1:8

_____

• 에베소서 2:20

_____

• 베드로전서 2:9

_____


*7* 마태복음 28장 19절에서 제자들에게 "가라"고 명령하신 것은 제자들과 함께 우리 모두에게 주신 명령이다. 그러므로 우리는 가야 한다. 세상에

서 보냄을 받았으면 세상으로 가야 한다. 먼저 우리 이웃에게 가야 한다. 직장으로, 가정으로, 학교로, 우리가 살고 있는 사회 안으로 들어가야 한다. 다시 말해 우리의 생활 현장이 바로 보냄 받은 선교지가 되어야 하는 것이다. 당신은 날마다 이 명령에 순종하는가?

---

---

---

8 다음 글을 읽고 자신의 입장을 반성해 보자. 당신이 날마다 접촉하는 불신자의 수는 몇 명이나 되는가?

❀ ❀ ❀

우리가 이웃에게 가기 위해서는 불신자들과 좀 더 적극적인 인간관계를 맺을 필요가 있다. 그리스도인끼리만 교제하는 것은 안 가는 행동과 같은 것이다. 우리끼리의 틀 속에서만 뱅뱅 돌면 안 된다. 그들을 찾아가는 기회를 만들어야 한다. 친해지도록 진실하게 교제해야 한다. 그리스도를 이야기할 수 있는 분위기를 만들기 위해 수고를 아끼지 말아야 한다.

우리 교회에 나오는 어느 주부는 믿지 않는 이웃집을 전도하기 위해서 매일 기도했다고 한다. 그런데 기도만 해서 되는가? 아니다. 한걸음 더 나아가서 어떻게 하면 그 가정과 좋은 인간관계를 맺을까 고민해야 한다. 그 부인은 전도하려는 가정의 가족들 생일을 알아내서 달력에 적어 놓고는 생일 때마다 예쁜 카드를 보냈다고 한다. 그들과 좋은 인간관계를 맺기 위해서였다.

---

---

---

**9** 보냄을 받은 우리는 반드시 나가서 전해야 한다. 우리 중에는 "나의 삶 자체가 복음을 증거하는 것인데 꼭 입을 열고 전해야 하느냐"고 의아해 하는 사람이 가끔 있다. 그들은 말로 전도하는 것 자체를 문화인답지 못 하다고 여기면서 입을 열지 않는다. 이런 견해에 대해 어떻게 생각하는 가? 특히 오늘의 본문을 근거로 답해 보라.

---

 

---

 

---

 **삶의 열매를 거두며**
- - - - - - - - - - - - - - - - - - - - - - - - - - - - - - - - - - - - - - - - - - -

이사야는 하나님의 보좌 앞에서 이런 음성을 들었다. "내가 누구를 보내며 누가 우리를 위하여 갈꼬"(사 6:8). 그때 이사야가 지체하지 아니하고 이렇 게 대답했다. "내가 여기 있나이다. 나를 보내소서." 당신도 이렇게 답할 수 있는가? 다음의 이야기를 읽고 느낀 바를 나누어 보자.

❀ ❀ ❀

18세기에 혜성처럼 나타났다 사라진 전도자, 조지 횟필드를 아는 사람이 많으리라 생각한다. 아마 그가 없었다면 18세기 미국에서 일어났던 대각 성 운동에 큰 지장이 있었을지도 모른다.

횟필드는 예수의 복음을 전하는 일이 너무 좋아서 30여 년간 자기 몸을 돌보지 않고 초인적으로 헌신했다. 그는 보통 일주일에 40~60시간을 설교했다. 설교해 본 사람만이 그것이 얼마나 무서운 중노동인지 안다.

인간적으로 보면 그 정도로 강행군한다는 것은 자살 행위나 다름없다. 그는 설교를 끝낸 다음에도 휴식을 취한 것이 아니라 기도하거나 자신을 초청해 준 집에 가서 함께 찬양하고 중보기도하는 것을 잊지 않았다. 그는 이런 말을 했다. "녹이 슬어서 없어지느니 차라리 닳아서 없어지는 것이 더 낫다." 평안하게 살다가 녹이 슬 듯 나이 들고 늙어 죽느니 차라리 있는 힘을 다해 일하다가 진이 빠져서 죽는 목사가 되고 싶다는 의미라고 할 수 있다. 우리는 그한테서 위대한 전도자의 삶을 읽을 수 있다.

1770년 9월 29일, 전도 집회를 마치고 보스턴으로 돌아가던 중 그는 엑스터라고 하는 작은 마을을 지났다. 그런데 수많은 사람이 그를 알아보고 몰려들어 그냥 지나칠 수가 없었다. 군중은 그에게 설교를 해 달라고 요청했다. 들판에 임시로 강단이 마련되었다. 그가 강단에 다가가려고 하자 그를 지켜보던 어떤 노인이 이런 말을 했다. "선생님, 선생님은 설교하는 것보다 침대에 가서 눕는 것이 더 좋겠습니다." 그만큼 그는 지쳐 있었고, 환자나 다름없이 보이는 병약한 모습이었다. 그 말에 휫필드는 강단에서 눈을 감고 이렇게 기도했다고 한다.

"주 예수님, 저는 주님의 일에 지쳐 있기는 하지만 그 일에 싫증을 느끼지는 않습니다. 제가 아직 갈 길을 다 가지 못했다면 저에게 다시 한 번 들판에 서서 주님의 복음을 말하게 하시고 주님의 진리로 모든 사람의 마음에 인 치게 하옵시고 그 다음에 죽어 본향으로 돌아가게 하옵소서."

그는 기도를 마치고 혼신의 힘을 다해 말씀을 전했다. 그날 얼마나 많은 사람이 그를 통해 은혜를 받았는지 모른다. 그가 전한 그날의 메시지는 그의 평생을 통해 증거했던 말씀 중에서 가장 감동적이었다고 평가되고 있다. 들판에서 설교한 다음 날은 주일이었다. 사람들은 아침 일찍 일어나서 그를 찾아갔다. 그런데 그는 주님의 부름을 받아 천국으로 떠난 뒤였다. 평안히 잠든 모습이었고, 그의 나이 56세였다.

*Lesson* **33**

# 은혜로 남은 자

로마서 11:1-10

## 마음의 문을 열며

예수를 거부하며 핍박하는 자기 동족을 향해 조금도 절망하지 않는 사도 바울의 모습을 오늘 본문에서 다시 한 번 확인할 수 있다. 자기 동족의 구원 문제만은 어떤 일이 있어도 낙관해야 한다는 것이 바울의 생각이었던 것 같다. 그는 자신의 심정을 1절에서 이렇게 말한다. "그러므로 내가 말하노니 하나님이 자기 백성을 버리셨느냐 그럴 수 없느니라." 겉으로 보기에는 소망이 없는 것 같지만 하나님은 자기 백성을 절대로 버리시지 않는다는 것이 그의 믿음이었다. 왜 그렇게 확신했을까? 이제 그 이유를 살펴보자.

*1* 바울이 하나님이 자기 백성을 버리시지 않을 것이라고 확신한 이유 중 하나는 유대교의 골수분자인 자신을 구원하신 하나님의 은혜를 체험했기 때문이다. 1절에서 '나도'를 왜 강조한다고 생각하는가?(참고 / 고후 11:22; 딤전 1:13-16)

_____

_____

_____

*2* 바울은 구약의 사건을 인용해서 하나님이 이스라엘 백성을 버리시지 않을 것이라는 사실을 증명했다. 이것은 무슨 사건인가?(2-4절, 참고 / 왕상 19:10, 18)

_____

_____

_____

*3* 엘리야 시대의 남은 자를 예로 들면서 바울이 자신 있게 이야기하는 것은 무엇인가? 또한 여기서 우리가 배워야 할 점은 무엇인가?(5절)

_____

_____

**4** 바울은 자기 민족이 다 구원받지 못하겠지만 '남은 자'라고 부르는 열매의 사람들은 구원받을 수 있다고 주장하면서 자기 민족의 구원 문제를 비관적으로 보지 않았다. 6절의 말씀을 쉽게 예를 들어 설명하고 깨달은 점을 이야기해 보자.

_____

_____

_____

**5** 이스라엘 백성 가운데는 구원받지 못한 나머지 사람들도 있다. 그들이 구원받지 못한 이유가 무엇이라고 생각하는가?(7절)

_____

_____

_____

**6** '우둔'은 영적인 일에 대해 전혀 반응을 보이지 못하는 것을 말한다. '우둔'의 원래 뜻은 일을 많이 할 때 손에 박히는 굳은살을 의미한다. 그러므로 마음이 우둔해졌다는 것은 신령한 것에 대해 아무리 설명해도 귀가 열리지 않는 것을 뜻한다. 감각이 전혀 없는 살갗처럼 신령한 일에 반응하지 못하는 굳은 마음 상태를 의미한다. 그런데 놀라운 사실은 우둔하게 되는 이유가 인간의 부패한 성품에만 있는 것이 아니라 또다른 이유가 있다는 것이다. 그것은 무엇인가?(8절)

_____

_____

_____

*7* 하나님이 우둔하게 하신 자들에게는 그들의 밥상마저 올무가 되었다(9절). 여기서 '밥상'은 사람들이 세상을 살면서 밤낮없이 추구하는 육적인 관심사를 가리키는 상징적인 단어다. 먹고 마시며 즐기는 것을 바라지 않는 자가 어디 있겠는가? 이것은 사람이 누리는 분복(分福)이요, 그 자체가 잘못된 것은 아닐지 모른다. 그러나 많은 사람에게 먹고 마시며 즐기는 생활 자체가 죽음의 길로 빠지게 하는 덫이 될 수 있다는 것이다. 다시 말해 쾌락을 누릴 수 있는 부요한 환경이 결국 멸망을 자초하는 불행의 덫인 올무가 된다는 말이다. 당신에게도 똑같은 위험이 도사리고 있지는 않은가?

_____

_____

_____

*8* 다음 글을 읽고 느끼는 바를 나누어 보자.

❀ ❀ ❀

주님이 세상에 계실 동안 복음을 전하면서 자주 하신 말씀이 있다. "귀 있는 자는 들을지어다." 이것은 하나님이 귀를 열어 주시지 않으면 못 듣는다는 것을 전제한 말씀이다. 아무리 수만 명의 무리가 주님을 따른다 해도 그 가운데 주님의 말씀을 제대로 들을 수 있는 사람은 제한되어 있다는 말이다. 하나님의 아들이 직접 세상에 오셔서 그 영광스러운 복음을 전하는 데도 하나님이 듣도록 하신 자만이 들을 수 있다고 선언하시는 말씀이 바로 "귀 있는 자는 들을지어다"라는 것이다. 하나님이 영생을 주기로 작정하신 자들은 근본 마음이 아무리 악해도 믿게 되고, 멸망하기로 준비된 진노의 그릇에 해당하는 자들은 설혹 덜 악하다고 해도 믿을 수 없다는 것이다.

어거스틴은 이 사실을 놓고 이렇게 말했다. "하나님은 전능하시므로 악인들의 뜻을 선하게 하실 수 있을 것이다. 분명히 그러실 수 있을 것이다. 그러나 왜 그렇게 하시지 않는가? 그의 뜻이 다른 데 있기 때문이다. 왜 다른 데 있는지는 그분만이 아신다. 우리는 분에 넘치는 지혜를 가지려고 해서는 안 되는 것이다."

칼뱅은 여기에 대해 한마디 더 했다. "왜 하나님이 어떤 사람은 버리고 믿지 못하게 하셨을까 하는 문제를 이상하게 생각하면서 자꾸 파고들면 결국 쓸데없는 고통만 당할 것이다."

---

---

---

**9** 다음 글을 읽고 당신에게도 이런 간증이 있는지 살펴보자. 만약 없다면 그 원인이 어디에 있는지 솔직하게 찾아보자.

❀ ❀ ❀

은혜 받지 못한 사람은 하나님께 버림받은 사람들을 놓고 자꾸 따지려 들지만, 은혜 받은 사람은 자기 자신이 구원받은 사실이 너무 감격스러워서 하나님 앞에 꿇어 앉아 흐느끼게 된다. 찬송가를 작사한 위대한 신앙 인물들 중에 이 감격을 노래한 사람이 많다. 아이작 왓츠(Isaac Watts)는 "온 세상 만물 가져도 주 은혜 못 다 갚겠네 놀라운 사랑받은 나 몸으로 제물 삼겠네"라고 찬송했다. 다니엘 휘틀(Daniel W. Whittle)은 "아 하나님의 은혜로 이 쓸데없는 자 왜 구속하여 주는지 난 알 수 없도다"라고 노래했다. 우리나라의 크로스비라고 할 수 있는 송명희 씨는 너무나 아름다운 시를 썼다. "나 가진 재물 없으나 나 남이 가진 지식 없으나 나 남에게 있는 건강 있지 않으나 나 남이 없는 것 있으니 나 남이 못 본 것을 보았고 나 남이 듣지 못한 음성 들었고 나 남이 받지 못한 사랑받았고 나 남이 모르는 것 깨달았네." 그리고 존 뉴턴(John Newton)은

"나 같은 죄인 살리신 주 은혜 놀라워 잃었던 생명 찾았고 광명을 얻었네"라고 노래했다.

존 뉴턴이 남긴 말 중에 유명한 말이 있다. "만약 당신이 천국에 들어가면 세 번 놀랄 것입니다. 첫째, 천국에 와 있을 줄 알았던 사람이 안 보여서 놀랄 것입니다. 둘째, 천국에 갈 수 없을 것이라고 생각했던 사람이 그 자리에 있는 것을 보고 놀랄 것입니다. 셋째, 노예 상인으로 악명 높았던 존 뉴턴이 그곳에 들어오는 것을 보고 놀랄 것입니다."

 **삶의 열매를 거두며**

우리의 가장 큰 수수께끼는 "하나님이 왜 저 사람을 완악하게 하셨는가"라는 것이 아니다. "왜 나 같은 사람을 믿게 하셨는가"라는 것이다. 왜 믿게 하셨다고 생각하는가? 이 시간 배운 내용을 다시 정리하는 의미에서 대답을 적어 보자. 그리고 구원을 주신 주님의 은혜를 찬양하자.

# 택함을 받았다고 교만할 수 없는 이유

### 로마서 11:11-24

 마음의 문을 열며

------------------------------------------------------------

오늘 본문을 이해하기 위해서는 무슨 주제를 말하였는지 전후문맥을 다시 한 번 정확하게 상기할 필요가 있다. 그는 11장 1절에서 "하나님이 자기 백성을 버리셨느냐 그럴 수 없느니라"고 했다. 그는 이 사실을 11절 이하에서도 계속해서 설명한다. 그가 앞부분에서 주장한 내용을 한마디로 정리하면 하나님이 은혜로 보존하고 계시는 '남은 자'가 있기 때문에 이스라엘이 버림당했다는 말을 하면 안 된다는 것이었다. 이 놀라운 진리를 더 확실하게 증명하기 위해 그는 몇 가지 사실을 추가해서 설명하고 있다.

------------------------------------------------------------

*1* 이스라엘이 완악해서 예수를 믿지 않았기 때문에 이방인이 얻게 된 유익은 무엇인가?(11절, 참고 / 행 13:46, 28:28)

------------------------------------------------------------

------------------------------------------------------------

*2* 11절에 나오는 '실족'과 '넘어짐'은 의미가 다르다. '실족'은 발을 헛디뎌서 비틀거리는 것을 말하는데, 이것은 믿지 않고 거역하는 상태를 가리킨다. 그리고 '넘어짐'은 하나님 앞에 완전히 버림받아 멸망당하는 것, 즉 소망이 없는 것을 말한다. 결국 사도 바울은 이스라엘이 넘어질 정도로 실족한 것은 아니라고 말하고 있다. 지금은 비록 완악해서 예수를 믿지 않고 있지만 그것이 완전히 멸망 받았다는 증거가 될 수는 없다는 것이다. 당신은 믿기를 거부하는 가족이나 아직 주님 앞으로 돌아오지 않은 이 나라의 많은 사람을 보면서 바울과 같은 소망을 가졌는가?

------------------------------------------------------------

------------------------------------------------------------

*3* 이방인이 먼저 예수를 믿자 이스라엘은 어떤 반응을 보이는가? 그 결과 무엇을 기대할 수 있는가?(14절, 참고 / 행 13:44-45)

------------------------------------------------------------

------------------------------------------------------------

**4** 이스라엘이 복음을 거역하여 그들의 특권을 이방인에게 빼앗겼음에도 그들은 여전히 독보적인 위치를 차지하고 있다. 다시 말해 하나님이 그들을 완전히 버릴 수 없는 이유가 있다는 것이다. 이것을 설명하기 위해 바울은 본문에서 어떤 비유들을 들었는가?(16-18절)

_____

_____

_____

**5** 이방인으로 예수 믿게 된 우리는 어떤 마음가짐을 가져야 하는가? 그 이유가 무엇인가?(19-21절)

_____

_____

_____

**6** 우리가 예수님을 믿게 된 데는 이스라엘의 덕을 본 것이 사실이다. 그러므로 그들을 멸시하거나 잊어선 안 된다. 각자의 영적 뿌리를 잊지 말아야 한다. 우리 대부분은 크고 작은 차이는 있지만 과거의 영적 자산에 의존하고 있다. 신앙에서 홀로 선 사람은 아무도 없다. 홀로 된 사람도 없다. 누군가 나에게 복음을 전해 주어 믿게 되었다. 누군가 나의 신앙을 위해 눈물로 기도해 주었기 때문에 오늘 이만큼 자랄 수 있었다. 누군가 나를 가르치느라고 땀을 흘리며 애썼기 때문에 이만큼 영적으로 성숙해질 수 있었던 것이다. 당신의 뿌리는 누구인가? 그리고 얼마나 감사하는가? 혹시 믿음의 교만에 빠져 있지는 않은가?

_____

_____

*7* 22절의 핵심은 하나님이 불쌍히 여기시는 은혜와 하나님이 엄하게 다루시는 것을 보라는 것이다. 하나님은 넘어지는 자들, 즉 안 믿는 이스라엘 백성들을 엄하게 다루신 대신 접붙임을 받은 가지인 우리 이방인들은 인자하심으로 다루셨다. 만약 이스라엘 백성을 다루듯 우리를 다루셨다면 누가 구원을 얻었겠는가? 하나님이 불쌍히 여기신 덕분에 우리는 영생을 얻게 된 것이다. 이 사실에 동의하는가? 동의할 때 어떤 느낌이 들었는가?

_____

_____

_____

*8* 우리를 불쌍히 여기신 하나님의 은혜로 구원 얻은 것을 아는 사람은 '하나님의 인자하심에 머물려고' 노력한다. 인자하심에 머문다는 의미가 무엇이라고 생각하는가?(22절)

_____

_____

_____

*9* 본문을 읽으면서 감탄한 것은 접붙임을 받은 이방인이 구원을 얻는다면 원 가지인 이스라엘 백성이 구원을 얻는 것은 의심할 여지가 없다고 말하는 바울의 믿음이었다(14절). 다음 글을 읽고 당신의 생각을 나누어 보자.

❀ ❀ ❀

1988년 나온 자료를 보면 팔레스타인에는 440만 명 정도의 이스라엘 사람이 살고 있다고 한다. 그중 예수 믿는 사람이 어느 정도인지 아는가?

103

약 30개의 교회가 있으며, 한 교회에 평균 100명 정도가 모인다고 한다. 그러니까 3천 명 정도가 믿는 것이다. 이 얼마나 적은 숫자인가! 3천 명 정도의 사람은 이방인들이 믿는 예수가 너무 좋아서, 그리고 어떤 면에서는 질투가 나서 돌아온 사람인지도 모른다. 그뿐만이 아니다. 세계 도처에 흩어져 있는 수천만 명의 유대인 중에서 지금도 예수님을 믿고 돌아오는 사람 수가 정확히는 잘 모르지만 결코 적지 않을 것이라고 생각한다.

한편 팔레스타인에는 아직도 악의에 찬 단체를 만들어 조직적으로 교회를 핍박하는 사람이 있는데, 그런 단체가 12개 이상 된다고 한다. 이스라엘 가운데서 예수 믿는 형제들이 동족에게 얼마나 견디기 어려운 핍박을 당하는지 짐작할 만하다. 아직도 예수를 믿지 않는 이스라엘 사람들은 유월절을 지키면서 "아니마민"이라는 노래를 부르고 있다. 그 노래 가사는 이렇게 시작된다. "우리는 메시야가 오실 것을 알고 있다. 그러나 그는 조금 더디 오신다." 예수님이 메시야라는 것을 인정하지 않으니까 아직도 기다리는 것이다. 2차 세계대전 당시 나치의 수용소에서 가스실로 끌려가면서도 그들은 이 노래를 불렀다고 한다.

그러나 바울은 이들 중에서 반드시 회개하고 돌아올 사람이 있을 거라고 믿었다. 이 얼마나 놀라운 믿음인가!

14절에 나온 이스라엘 백성이 질투를 못 이겨서 예수를 믿게 될 것이라는 바울의 말을 우리의 입장에서 적용해 볼 만한 가치가 있다고 생각한다. 예수님을 믿고 변화된 모습이나 누리게 된 축복 때문에 말미암아 당신을 질투하다가 "나도 한번 믿어 보자"고 교회에 나온 이웃이 있다면 이야기해 보자. 만약 아무도 없다면 예수 믿는 자신이 이웃들에게 매력 없어 보이는 이유가 어디에 있는지 반성해 보지 않겠는가?

# 이 비밀

로마서 11:25-36

 마음의 문을 열며

성경은 하나님이 우리에게 자신을 알려 주기 위한 수단으로 허락하신 책이다. 그래서 성경을 가리켜 계시라고 한다. 이 말의 뜻은 하나님이 뚜껑을 열어 들여다보게 만드신 진리라는 뜻이다. 그렇다고 해서 우리가 성경 말씀을 완전하게 다 이해하고 깨달을 수 있다고 생각하는 것은 대단히 위험하다. 기록된 말씀 중에도 수천 년이 지난 오늘날까지 드러나지 않은 진리가 한두 가지가 아니다.

이 시간에 읽은 본문 가운데 25-26절은 우리가 이해하기 어려운 말씀 가운데 하나다. 성령이 우리의 마음 문을 열어서 비록 부분적이지만 깨닫게 해 주시기를 기도하며 배울 수 있기를 바란다.

말씀의 씨를 뿌리며

------------------------------------------------------

*1* 사도 바울은 이방인인 우리에게 유대인을 향해 잘난 척하며 자만하지
말라고 경고한다. 25절을 보면 '스스로 지혜 있다' 는 말이 나오는데, 이
는 '다 아는 척하며 자랑한다' 는 뜻이다. 바울 시대에도 믿음 좋은 이방
인들 가운데는 이스라엘 백성들이 예수를 믿지 않으니까 "이스라엘의
희망은 사라졌다. 이방인인 우리가 너희 대신 하나님의 자녀로 부름 받
았으므로 너희는 이제 영원히 멸망할 것이다"라는 식으로 거만하게 행
동하는 사람이 있었던 것 같다. 사도 바울은 이러한 오만한 태도를 지적
하고 있는 것이다. 바울은 그들에게 무엇이 필요하다고 말하는가?(25절)

------------------------------------------------------

------------------------------------------------------

*2* 이스라엘의 구원 문제는 신비에 해당하는 진리라고 한다. 우리가 설명
할 수 없는 부분이 남아 있다는 의미다. 그 가운데 하나가 이스라엘이
복음을 거역한 것은 일시적인 현상이라는 사실이다. '이방인의 충만한
수' 에 대해 다음 구절들을 검토해 보자. '충만한 수' 는 아무도 확실히
대답할 수 없는 어려운 내용이다. 그러나 한 가지 사실은 말할 수 있다.
그것이 무엇인가?(참고 / 마 24:14; 눅 21:24)

• 요한계시록 6:11

------------------------------------------------------

• 요한계시록 14:1

------------------------------------------------------

• 마태복음 22:14

------------------------------------------------------

*3* 다음 설명을 읽고 내용을 정리해 보자.

❀ ❀ ❀

하나님이 이방인 중에서 구원하기로 작정하신 정원이 있다. 그 숫자를 채울 동안 이스라엘 백성은 계속 예수를 믿지 않을 것이다. 그러므로 이스라엘의 완악은 일시적인 현상이라고 말할 수 있다. 물론 개인적으로 회개하고 돌아오는 사람이 더러 있다. 그러나 민족적으로는 여전히 완악하여 예수를 믿지 않는다. 우리는 이스라엘의 완악함이 언제까지일지 모른다. 다시 말해 이방인 수가 언제쯤 다 채워질지 그때를 정확하게 모르지만 추측할 수는 있다. 아마 주의 재림 직전이 아닐까 생각한다. 우리는 이방인 중에서 구원받은 자의 총수가 얼마인가 하는 것도 모른다. 충만한 수, 이것은 하나님의 마음속에만 있는 수다. 성경 어디를 보아도 그것을 알려 주는 곳은 없다. 그러므로 이것 역시 하나님의 비밀이라고 할 수 있다. 우리는 겸허해야 한다. 항상 조심해야 한다. 이스라엘 백성들의 완악한 태도를 멸시하거나 함부로 우쭐거려선 안 된다. 그들을 정죄하지 말아야 한다. 그들의 완악은 일시적인 현상일 뿐이다. 우리는 그들이 영원히 버림당한 것은 아니라는 사실을 꼭 기억해야 한다.

---

---

*4* 26절에서 우리는 또 한 번 어려운 말씀을 접하게 된다. "온 이스라엘이 구원을 받으리라"는 내용이다. 성경학자들에 따르면 일곱 가지 이상의 서로 다른 해석을 할 만큼 이 구절의 의미는 파악하기가 어렵다. 아무도 내 해석이 옳다고 주장할 수 없는, 그야말로 신비에 가까운 비밀이라고 할 수 있다. 그 가운데 세 가지를 소개하겠다. 어느 해석이 가장 바람직하다고 생각하는가? 그리고 각 견해가 갖고 있는 약점은 무엇이라고 생각하는가?

1) 온 이스라엘을 영적으로 해석하며 예수님을 믿는 모든 사람을 가리킨다는 견해다.

2) 이스라엘 가운데 개인적으로 예수님을 믿고 돌아오는 '남은 자'의 총수를 가리킨다는 견해다.

3) 글자 그대로 이스라엘 전 민족을 가리킨다고 해석한 견해다.

*5* 풀기 어려운 말씀이 있을 때, 우리는 어떤 마음가짐은 취해야 하는가?

• 고린도전서 13:9-10

• 베드로후서 3:15-16

*6* 다음 글을 읽고 자신의 생각을 말해 보자.

❀ ❀ ❀

앞에서 살펴본 해석들이 완전하지 못함에도 이스라엘 백성은 그들의 특별한 위치로 말미암아 마지막 때에 특별한 방법으로 구원받게 되리라고 보는 견해가 우세하다. 독특한 그 무엇이 없다면 바울이 "이 비밀을 알기 원한다"는 말을 했을 리가 없다는 것이다. 9장부터 시작하여 바울이 이스라엘 백성이 구원받고 돌아올 날의 아름다운 꿈을 여기저기서 이야기하는 것을 참고해 봐도 틀림없이 무엇인가 있는 것 같아 보인다. 그러므로 우리가 그들을 향해 자랑하거나 교만해서는 안 된다는 것이다.

지난 2천 년 동안 이스라엘 사람 중에서 개인적으로 믿고 돌아오는 이들만 구원받았다. 그러나 마지막 때에는 무언가 우리가 모르는 어떤 방법을 통해 하나님이 그들을 구원하실 계획이 있는 것처럼 느껴지는 게 사실이다. 이스라엘의 구원 문제는 마치 사진은 찍었지만 아직 현상을 하지 않아 정확한 그림을 보지 못하는 것과 비슷한 진리라고 생각한다. 아직도 완전히 드러나지 않은 무엇이 남아 있는 것 같다. 우리는 언제까지 이스라엘이 완악해질지 알지 못한다. 이방인의 충족한 수가 몇 명인지도 모른다. 그리고 이스라엘이 돌아오는 것이 국가적이냐, 개인적이냐 하는 것도 정확하게 선을 그을 수 없는 어려움이 있다. 이것은 충분히 비밀이 될 수 있다. 바울도 더 이상 자세한 언급을 하지 않고 있다. 우리는 하나님이 알려 주실 때까지 이 정도로 만족하고 기다려야 할 것이다.

---

*7* 하나님의 계획과 말씀을 우리가 완전히 알 수 없는 것은 너무나 당연한 일이다. 절대 부끄러워할 필요가 없다. 그 이유가 무엇인가?(33-35절)

---

*8* 완전한 해답을 얻지 못해도, 또 어떤 것은 비밀의 베일에 가려져 있어도 우리는 하나님을 찬양하고 경배해야 한다. 모르는 것이 남아 있어도 찬양해야 한다. 그 이유를 36절의 말씀을 가지고 대답해 보자.

**삶의 열매를 거두며**

------------------------------------------------------------

**다음 내용을 읽고 느낀 바를 정리하고 하나님을 찬양하자.**

❀ ❀ ❀

칼뱅은 본문 33절을 가지고 참 의미 깊은 말을 했다. "여기 '깊도다' 하는 말은 인간의 거만을 한번에 때려눕히는 것이다. 우리의 이성으로는 미칠 수 없는 깊이에 관한 어떤 진리를 말할 때, 그때마다 우리의 생각과 혀에 자갈을 물려야 한다. 그래서 하나님이 가르쳐 주신 만큼만 알고 그 나머지는 찬양으로 끝을 맺어야 한다." 옳은 말이다. 바울이 어려운 문제를 다루다가 갑자기 붓을 던지고 "깊도다 하나님의 지혜와 지식의 풍성함이여, 그의 판단은 헤아리지 못할 것이며 그의 길은 찾지 못할 것이로다"(33절)라고 찬양하는 모습에 주목해야 한다. 그는 삼층천에 올라가서 기막히게 신비스러운 하나님의 음성을 들었다. 그런 바울도 자신이 모르는 부분을 억지로 풀려고 하지 않았다. 바울이 그토록 겸손했다면 우리는 말해 무엇하겠는가!